죽고 싶을 때 읽는 책

죽고 싶을 때 읽는 책

초판 1쇄 인쇄 | 2015년 3월 13일
초판 1쇄 발행 | 2015년 3월 20일

지은이 | 백정미
펴낸곳 | 함께북스
펴낸이 | 조완욱

등록번호 | 제1-1115호
주소 | 412-230 경기도 고양시 덕양구 행주내동 735-9
전화 | 031-979-6566~7
팩스 | 031-979-6568
이메일 | harmkke@hanmail.net

ISBN 978-89-7504-609-4 03810

무단 복제와 무단 전재를 금합니다.
잘못된 책은 바꾸어 드립니다.

죽고 싶을 때 읽는 책

절망의 벽 앞에서 울고 있는 너에게

백정미 지음

| 머리말 |

친구야, 눈물을 닦고
다시 일어서라

'울지 마.'라고 말해주기엔 너의 슬픔이 너무 오래되고 깊다. '일어나라.' 이렇게 간단하게 말하고 되돌아서기에는 너의 슬픔이 너무 시리고 아프다. 죽고 싶을 만큼 힘든 마음 내가 다 알아. 그래서 난 너를 지켜보고 응원하려고 해. 네 곁에 아무도 없을 때 날 기억하렴. 내가 지금껏 살아오면서 배워온 것들을 너에게 모두 들려줄게. 아낌없이 주는 나무보다 더 아낌없이 너에게 주겠어.

'요즘 참 힘들지? 살기가 너무 팍팍하지?'

나도 너와 같은 힘겨운 시절을 보냈단다. 나도 지금의 너처럼 많이 울었단다. 물론 아직도 가끔 울지만, 바보처럼. 그렇지만 이제는 슬픔을 추스르는 방법을 알게 되었어. 지금까지 홀로 삭혀왔던 아픔 이젠 모두 내려놓으렴. 인생의 고민과 번뇌도 모두 털어버리자. 내가 너의 아픔과 슬픔을 알아. 네가 왜 아프고 슬퍼서 눈물이 나는지. 그러나 너는 더 이상 혼자가 아니야. 네 곁에는 항상 내가 있을 테니까.

지금 누구에게도 말 못하고 너무 힘든 너에게 해주고 싶은 말, 이 한 권의 책에 담아보려고 해. 우리는 같은 하늘 아래 살고 있기에 너의 슬픔이 내게도 전이되어 와. 너의 아픔과 고통에 공감하면서 서서히 그곳에서 걸어 나오자. 친구야, 눈물을 닦고 고개를 들고 다시 일어서자. 우리에겐 밝고 희망찬 내일이 있잖아. 어떤 시련도 우리를 굴복시킬 수 없음을 온 세상에 보여주자.

| contents |

머리말 친구야, 눈물을 닦고 다시 일어서라 · 4

Chapter 1
포기하지 마, 너는 소중한 사람이니까

01 마음속 미움과 결별하자 · 15
02 상처도 내 몫이다 · 18
03 자신을 반성하자 · 21
04 오래되고 부당한 죄책감을 버려라 · 24
05 자신의 선택을 믿고 최선을 다하라 · 27
06 초라하다고 울지 마 · 30
07 생각을 바꾸면 새로운 세계가 열릴 거야 · 33
08 홀로서기의 당당함 · 36
09 부족함이 주는 행복 · 39
10 손빨래 예찬 · 42
11 바라보는 시선 · 45
12 속상한 일이 생기면 네가 가장 좋아하는 일을 하렴 · 48

13 친구가 많지 않아도 괜찮아, 이 세상 모든 것이 네 친구니까 · 50

14 이별해도 울지 않기 · 53

15 하늘을 봐, 얼마나 푸른지 · 57

16 조금만 더 걸어보자 · 60

17 바람은 언젠가는 멈춘다. 우리의 시련도 마찬가지 · 63

18 긍정적인 생각들 · 66

19 책임감 있는 어른이 되자 · 69

20 지금 포기하기엔 그대의 삶이 눈부시게 아름답다 · 72

Chapter 2
울고 싶어도 내 인생이니까

21 경제적 어려움의 고통 · 77

22 청년 실업의 비애 · 80

23 나쁜 일만 생겨서 괴롭다 · 83

24 적응의 문제 · 86

25 아이디어가 안 떠올라 괴롭다 · 89

26 따돌림당해서 외롭다 · 92

27 억울하게 누명을 써서 괴롭다 · 95
28 투병 생활의 애환 · 99
29 이사 갈 집을 못 구해서 불안하다 · 102
30 삶이 회의가 밀려올 때 · 105
31 놀림 받아서 괴롭다 · 108
32 나만의 속도 유지하기 · 111
33 사는 게 재미없어서 허무하다 · 114
34 자신이 싫어질 때 · 117
35 혼자라고 느껴져서 고독하다 · 120
36 사랑하는 사람과의 이별 · 123
37 배우자의 외도로 살고 싶지 않다 · 126
38 숨기고 싶었던 과거가 두렵다 · 129
39 사랑과 이별 · 132
40 실패를 통한 성장 · 135
41 인정의 욕구 · 138
42 피곤해서 모든 게 귀찮다 · 141
43 남들이 자신을 험담해서 괴롭다 · 145

44 장애에 대한 인식의 차이 · 149
45 무시당해서 서러울 때 · 152
46 친구의 배신으로 누구도 믿지 못한다 · 156
47 명예욕의 허상 · 159
48 주름이 많아서 스트레스를 받는다 · 161
49 배려와 소통의 필요성 · 166
50 사람이 무섭다 · 169
51 친구들이 괴롭혀서 혼자 있는 시간이 많다 · 173
52 귀중한 물건을 도둑맞아서 속상하다 · 176
53 성폭행 당해서…… · 179
54 미움받아서 괴롭다 · 183
55 분노를 조절하자 · 187
56 삶의 의미를 찾을 수 없다 · 190
57 나무처럼 견뎌보자 · 193
58 가족이 아파서 괴롭다 · 196
59 왜 나를 인정해주지 않는 거야 · 200
60 댓글로 상처를 받았다 · 204

61 세상에 내 편은 없다 · 208

62 결과에 승복하지 못하겠다 · 211

63 재산을 탕진하니 살길이 막막하다 · 214

64 가정폭력으로 견디기 힘들다 · 218

65 세상은 불공평하다 · 222

66 동물도 가족이다 · 225

67 남자나 여자나 동등한 인간이다 · 229

68 해고당해서 삶이 막막하다 · 233

69 고소당해서 억울하고 분하다 · 236

70 나이 듦에 대하여 · 239

71 빚 때문에 힘들다 · 242

72 각주구검(刻舟求劍)의 지혜 · 246

73 다른 사람에게 짐이 되기 싫어서 버티고 있지만…… · 248

74 자존심과 열등감 사이 · 252

75 삶이 무의미하다 · 254

76 더 이상 고통받고 싶지 않다 · 258

77 희망의 끈 · 262

Chapter 3
살아야 하는 열두 가지 이유

첫 번째 이유 그대란 사람이 무엇이 될지 아직 모르니까! · 267

두 번째 이유 그대의 도움이 필요한 사람들이 있으니까! · 269

세 번째 이유 그대는 최고로 아름다운 사람이니까! · 271

네 번째 이유 그대는 날마다 성장하고 발전할 것이니까! · 273

다섯 번째 이유 그대가 남겨준 것들이 세상을 밝힐 것이니까! · 275

여섯 번째 이유 그대에게는 특별한 재능이 있으니까! · 277

일곱 번째 이유 그대로 인해 기뻐하고 희망을 품는 누군가가 있으니까! · 279

여덟 번째 이유 그대이기에 할 수 있는 일이 있으니까! · 281

아홉 번째 이유 그대는 행복해질 권리가 있으니까! · 283

열 번째 이유 신이 그대를 사랑하시니까! · 285

열한 번째 이유 그대는 반드시 성공할 것이니까! · 287

열두 번째 이유 그대가 사라진다면 온 우주가 함께 슬퍼할 것이니까! · 289

Chapter 1
포기하지 마, 너는 소중한 사람이니까

내 입장에서만 상대방을 분석하지 말자.
상대방의 입장에서 조금만 생각해보면
그 사람이 왜 그런 말과 행동을 했는지
이해가 되는 것이 사람과의 관계다.
넓게 상대를 포용하기 힘들다면 차라리 거리를 두자.
미움을 키우기보다는 그편이 더 낫다.
마음속에 묵은 먼지처럼 쌓여 있던 미워하는 마음들을 청소하면서
새로운 마음으로 다시 태어나라.

01
마음속 미움과 결별하자

　사람들이 어떤 일을 새로 시작할 때 반드시 하는 일종의 의식 같은 것이 있다. 그것은 바로 청소다. 이사를 할 때도 이사 갈 집을 먼저 청소하는 것이 순서고 공부를 하려고 할 때도 책상부터 먼저 정리 정돈한다. 청소는 인간에게 새로운 각오를 다지게 하는 묘한 힘을 발휘한다. 청소하지 않은 집. 청소하지 않은 책상을 상상해보라.
　나이가 들어감에 따라 사람의 마음도 더 복잡하고 정리가 되지 않을 때가 많다. 살면서 겪는 일들이 주는 충격과 인간관계에서 빚어진 갈등 등으로 마음속이 정갈하지 못하다. 청소를 하지 않은 마음은 고통을 잉태한다. 정돈되지 않은 삶의 부유물들은 사람의 이성을 마비시키고 감정을 격하게 만든다. 자신을 괴롭히는 슬픔 속에서 빠져나오기 위해서는 반드시 청소라는 작업이 필요하다. 지금부터 마음속을 청소해보자.

우리의 마음속에는 온갖 상념들로 가득하다. 그것을 일일이 헤아려본다는 건 거의 불가능하다. 사람의 마음을 꺼내서 분석할 수 있다면 가히 어마어마한 이야기들이 나올 것이다. 이런 마음속을 청소하는 방법은 집을 청소하는 것과 같다. 즉, 필요치 않고 자신에게 도움이 되지 않는 감정들을 과감하게 꺼내서 버리는 것이다. 그중에서도 미움을 가장 먼저 꺼내 버리자. 세상을 살아가면서 미움이라는 감정을 갖지 않을 수는 없다. 특정인에 대한 미움의 감정도 정신적으로 힘들지만 자기 자신을 향한 미움은 자칫 위험할 수도 있다. 이러한 미움은 삶을 부정적으로 해석하게 만든다. 내 안에 미움이 가득한 사람이 어떻게 자신의 삶을 사랑하고, 하는 일에 최선을 다할 수 있겠는가. 또한 누군가를 미워하면 불필요한 에너지를 소모하게 된다. 그래서 집중적으로 에너지를 쏟아야 하는 것에는 제대로 힘을 쓰지 못하는 경우도 있다.

나도 누군가를 미워하느라 잠을 못 이룬 적이 있었다. 다른 사람을 미워하다 보면 밥맛도 없어지고 하는 일에도 집중이 잘되지 않는다. 그래서 더욱 괴롭다. 미움은 또 다른 미움을 낳아서 더 큰 미움을 만들어낸다. 예를 들어서 내가 갑이라는 사람을 미워하면 갑도 나를 좋아할 리 없다. 또한 나는 갑 주변의 사람들에게도 미움을 갖게 되고 그들도 나를 미워할 수 있다. 이렇게 미움이라는 감정은 점점 자라게 된다. 우리가 마음에 미움의 싹을 틔우는 것은 다른 사람이나 자신에 대한 지나친 기대와 관심에서 비롯되는 경우가 많다. 이에 부응하지 못할 때 실망하여 화가 나고 미워지기 시작한다.

왜 사람들은 미움을 쉽게 버리지 못하는 걸까. 외로움과 아픔의 시작이 어쩌면 미움일 수도 있는데 자유로워지지 못하는 걸까? '누군가가 밉다.' 라고 느끼는 건 사람의 가장 원초적인 감정이다. 이런 감정은 상대방이 자신이 바라는 대로 움직여주지 않거나 자신을 존중해주지 않는다고 여기거나 자신에게 해를 끼친다고 생각될 때 비롯된다.

마음속 미움과 결별하는 일은 그리 쉽지 않은 일이다. 수십 년 동안 마음 수련을 해온 성직자도 미움을 버리기 어려운데 하물며 평범한 사람에겐 얼마나 힘든 일이겠는가.

내 입장에서만 상대방을 분석하지 말자. 상대방의 입장에서 조금만 생각해보면 그 사람이 왜 그런 말과 행동을 했는지 이해가 되는 것이 사람과의 관계다. 넓게 상대를 포용하기 힘들다면 차라리 거리를 두자. 미움을 키우기보다는 그편이 더 낫다. 마음속에 묵은 먼지처럼 쌓여 있던 미워하는 마음들을 청소하면서 새로운 마음으로 다시 태어나라.

02
상처도 내 몫이다

지인이 준 호박고구마를 쪄먹다가 물려서 어느 날 고구마 맛탕을 하기로 했다. 맛탕은 고구마를 썰어서 기름에 튀기는 음식이다. 그런데 고구마를 써는 일은 쉽지 않았다. 워낙 딱딱해서 칼을 대면 빗나가곤 했다. 그러던 중 대형사고가 났다. 내가 자른 것이 고구마가 아니라 내 손가락이었다. 고구마 대신 잘린 집게손가락은 제법 깊이 베였다. 큰 상처가 난 것이다. 난 비명을 지르지도 못하고 병원에 갈 생각도 못하고, 서둘러서 상처를 눌렀다. '제발 붙어라.' 이러면서 한참을 누른 후에 반창고를 칭칭 동여맸다. 병원에 갔다면 아마 다섯 바늘 이상은 꿰매었을 만큼 깊은 상처였다. 운이 좋았는지 다행히 상처는 잘 아물어서 이젠 흉터조차 보이지 않는다.

우리들은 이런 종류의 상처를 많이 입는다. 상처는 흉터를 남기기도 하고 후유증을 남기기도 하면서 우리의 인생과 더불어 간다. 이것은 물리적인 상처에만 국한된 이야기는 아니다. 우리 마음의 상처도 마찬가지다. 그렇다면 상처에 대해 어떻게 대응하느냐에 따라 행복의 지수도 달라질 것이다.

노부모는 자신에게 소홀한 자녀들을 보면서 마음의 상처를 입는다. 반면 자녀들은 자녀들대로 다른 형제자매와 차별하는 부모를 보면서 마음의 상처를 입거나 자신의 의사와 관계없는 인생을 강요하는 부모 때문에 상처를 입는다. 부모든 자녀든 상처를 주고받으면서 살아간다. 사장이든 직원이든 서로 상처를 입는 건 매한가지다. 사장은 직원 때문에 상처받고 직원은 사장 때문에 상처받는다. 사람들과 더불어 살다 보면 의도하지 않게 서로들에게 상처를 주기도 하고 받기도 한다. 그런데 정작 신기한 것은 모두가 자신만 상처를 입었다고 생각한다. 누구도 자신이 다른 사람에게 상처를 주었다고 먼저 생각하지는 않는다. 이때 한 번쯤은 생각해보자. 나는 과연 다른 사람들에게 상처를 준 적은 없었던가를.

마음의 상처, 정신적 상처, 신체적으로 상처를 입었는가. 만일 그러하다면 '상처도 내 몫이다.'라고 생각해보자. 지금 자신이 갖고 있는 모든 상처를 자신이 감당해내야 하는 당연한 몫이라고 여기자. 그렇게 생각하지 않는다면 상처는 더욱 곪고 썩어들어간다.

　자신이 다른 사람에게 준 상처는 기억하지 못하는 것이 일반적인 사람의 특성이다. 그러나 다른 사람에게 받은 상처는 쉽게 잊지 못하고 마음에 담아두며 미워하고 괴로워한다. 다른 사람에게 준 상처를 잊고 나 몰라라 하는 사람은 타인에게 증오심을 불러일으킬 수 있다. 그러나 자신도 남에게 실수하고 상처를 줄 수 있다는 것을 인정하고 추후로는 그런 일이 없도록 조심하면서 자신이 받은 상처를 묵묵히 감수하는 사람은 성숙한 인간이라 할 수 있다. 성숙은 타인의 고통을 이해하고 배려하면서 자신의 상처를 잘 보듬는 데서 온다.

　자신의 상처에 대해 관대하라. 어떻게 입은 것이든 상처 역시도 그대의 자산이다. 상처는 아프고 괴로운 시기를 견뎌낸 자에게 주어진 훈장과 같은 것이다. 상처가 아무는 동안 겪었을 고통과 인내의 시간들은 삶의 소중한 교훈이다. 이 세상에 존재하는 모든 인간에겐 작든 크든 상처가 있다. 상처를 끌어안고 괴로워하기보다 상처를 통해서 오히려 성숙한 인간으로 거듭나야 한다. 상처를 기꺼이 삶에 수용하는 당당한 태도를 가져보자.

03

자신을 반성하자

나는 스스로에 대해 늘 부족함을 느낀다. 그런데 가끔은 정도를 넘어서는 생각과 행동을 할 때가 있다. 이는 자만심이 외부로 표출되었다는 증거다. 조금이라도 오만해해졌다고 느껴질 때면 나는 다시 초심으로 돌아가기 위해 마음을 다잡는다. 때때로 우리는 자신의 본모습을 과대평가하면서 뭇사람들을 한 수 아래로 바라보는 경우가 있다. 교만해지면 어떻게 될까. 다른 사람이 우스워 보이고 대화에서도 주도권을 놓치지 않으려 한다. 또한 다른 이의 마음과 생각을 헤아리지 않고 제멋대로 말하고 행동하게 된다. 우리는 오만과 교만이라는 덫에 걸리지 않게 유의해야 한다. 오만한 태도는 주위 사람들로부터 소외당하기 쉬우며 아무리 학식과 능력이 뛰어나도 존중받기 어렵다.

오만은 자신이 본래 가지고 있던 선한 모습, 순수한 마음마저도 앗아가는 해로운 기저다. 오만한 사람은 진솔한 인간관계를 맺기가 어렵다. 왜냐하면 오만한 사람에게 자신의 본심을 털어놓고 싶은 사람은 없기 때문이다.

오만한 태도는 사람들에게 불쾌감을 주지만, 겸손한 사람은 상대방을 편안하게 하고 친근감을 느끼게 한다.

한 정치인이 있다. 그는 모든 게 완벽하다. 학벌, 외모, 가문, 언변, 재산 등 타의 추종을 불허한다. 그런데 그에게 치명적인 약점이 있다는 걸 자신만 모르고 있다. 그건 오만함이다. 사람을 무시하고 깔보는 그의 말과 행동은 이미 언론에 여러 번 오르내렸다. 그는 훌륭한 지도자가 될 수 있었음에도 불구하고 오만한 태도 때문에 선거에서 번번이 낙선하고 있다. 그가 평소에 겸손하게 자신을 낮출 줄 알았다면 많은 게 달라졌을 것이다.

겸손함이 자신의 인격을 더욱 빛나게 한다. 자신의 능력과 가치를 적극적으로 피력하는 것이 요즘 사회 분위기이기는 하지만 지나칠 정도로 드러내는 태도는 자신이나 타인을 위해서도 바람직하지 않다. 뛰어난 사람은 스스로 자신을 나타내지 않아도 타인의 입에 오르내린다. 그러므로 겸손한 마음가짐으로 자신의 재능을 갈고닦아나가라. 자신보다 어렵게 사는 사람, 못 배운 사람들의 고통과 아픔을 이해하고 배려할 줄 알아야 한다. 세상에는 업신여김을 받아야 할 사람이란 없다. 오직 오만한 사람의 잘못된 생각과 시선이 있을 뿐이다.

 삶이 힘겨워지는 것은 잘못된 사고방식이 한 몫 단단히 한다는 것을 기억하자. 이런 자신의 그릇된 생각과 습관을 바로잡기 위해 노력하는 것이 더 삶을 풍요롭게 한다. 오만하지 않도록 자신을 담금질하라.

04
오래되고 부당한 죄책감을 버려라

"그렇게 하지 말걸 그랬어." 이런 후회를 해본 적이 있을 것이다. 더러 인간은 스스로 죄책감의 수렁에 빠지곤 한다. 잘못한 일이 있었다면 그 일에 대한 용서를 구하라. 잘못을 저질렀을 때 죄책감을 느끼는 건 자연스러운 일이다. 하지만 필요 이상의 죄책감을 느끼고 자신을 학대하는 사람을 볼 수 있는데 이것은 잘못된 생각이다. 마음이 여리고 착한 사람일수록 제삼자가 봐도 전혀 잘못이 없는 일인데도 자신을 죄인 취급하면서 괴롭히는 경우가 있다.

캄캄한 밤에 보행자가 무단 횡단하는 바람에 사람을 치어서 사망 사고를 낸 운전자가 있었다. 물론 운전자의 과실이 전혀 없지는 않다. 전방을 잘 주시하지 못하고 운전을 부주의하게 했다는 것은 사실이다. 하지만 전혀 고의성이 없는 사고다. 그런데 운전자 스스로 자신을 세상에 둘도 없는 죄인으로 취급하면서 폐인이 되었다면 어떤가.

"난 죽일 놈이야, 사람을 치어 죽였어!"

이렇게 매일 절규하면서 술독에 빠져 살다가 스스로 목숨을 끊은 어느 운전자의 이야기이다.

아무런 사고나 사건이 일어나지 않았는데도 자신에게 죄책감이라는 멍에를 씌우고 사는 사람도 있다. 죄책감은 자신을 가두는 감옥이다. 이 마음의 감옥은 실제 감옥과는 달리 언제 풀려날지 모르는 무기한 수감되어야 하는 감옥이다. 자신을 가두는 죄책감이라는 감옥에서 그만 빠져나와야 한다.

마음이 여리고 착한 사람뿐만 아니라 대부분의 사람들도 자신의 행위에 대해 어느 정도의 죄책감을 느낀다. 이는 도덕성이 정상적으로 발달한 사람이라면 지극히 정상적이다. 다만 죄책감 자체를 너무 오래 끌고 가는 것이 문제다. 자신의 잘못을 반성하고 추후로 이런 죄책감을 느끼는 행위를 하지 않으면 된다. 하지만 잘못을 했든 하지 않았든 아주 사소한 것에도 죄책감을 끌어안고 가는 것은 부당한 처사다. 자기 자신에게 매우 가혹한 행위이므로 필요 이상의 죄책감은 버려야 한다.

삶이 서글퍼지는 건 이런 죄책감이 원인이 될 경우가 많다.

"내 자식들에게 제대로 해주지 못했어. 다른 부모들처럼 잘해주지 못했어."

이런 죄책감을 가지고 사는 부모가 꽤 있다. 도대체 뭘 그렇게 잘못했다는 말인가. 부모로서 자식을 버리지 않고 책임져온 것 자체만으로도 자신을 인정해주어야 한다. 오히려 자신이 그동안 해온 것들을 뿌듯해하는 부모를 보는 게 자식으로서도 마음 편하다.

"넉넉하지는 않았지만 너희들을 지금까지 길러온 내가 자랑스럽구나!"

이렇게 말하는 부모를 자식들은 더욱 고마워하고 사랑한다. 부모가 죄책감에 사로잡혀 우울하게 살아간다면 자식들도 역시 우울해지기 마련이다.

오래되고 부당한 죄책감으로 괴로워하는 건 자신이 피해를 주었다고 생각하는 상대방에게나 자신에게나 아무런 이득이 되질 않는다. 인간의 삶은 유한하다. 죄책감에 빠져 삶을 허비하는 대신 잘못은 바로잡고 새로운 내일을 설계하자.

05
자신의 선택을 믿고 최선을 다하라

살아가면서 울고 싶을 때가 어디 한두 번이겠는가. 하는 일이 맘대로 되지 않을 때 울고, 누군가 내 마음을 몰라줄 때 울고, 몸이 아플 때도 운다. 이 중 하는 일이 마음 먹은 대로 되지 않을 때 사람들은 자신의 선택에 대한 회의에 사로잡힌다.

"과연 내 선택이 옳았던 걸까?"

만약 그대가 지금 이런 고민으로 울고 있다면 이렇게 말해주고 싶다.

"그대의 선택이 옳습니다. 전적으로 옳았습니다."

그때 당신의 그러한 선택은 최선이었다. 종종 자신의 선택에 대한 의심이 생기기도 하겠지만 믿어보자. 누구든 무엇을 선택할 때는 고심한다. 그리고 여러 가지 가능성 중에서 최선의 것을 선택한다. 어떤 사람이 식당을 차렸다고 하자. 그는 모아놓은 종잣돈이 부족해 은행에서 대출까지 받아 식당을 열었다. 그런데 어쩐 일인지 식당에 손님들이 찾아오지 않는다. 그는 당연히 선택에 대한 고민을 할 수밖에 없다. 그리고 식당일이 손에 잡힐 리가 없다. 음식을 만든다면 음식을 조리하는 과정에 심혈을 기울이기 어려울 것이다. 왜냐하면 '내가 이 일을 계속해야 하나, 말아야 하나?' 이런 고민으로 음식 만드는 일에 주력할 수가 없기 때문이다. 한 번 선택한 일에 대해서 후회할 수 있지만, 선택에 대해 마지막까지 최선을 다했는지 되돌아봐야 한다. 그런 다음 또 다른 길을 모색해도 늦지 않다. 만약 그대가 식당을 차렸는데 혹시 장사가 잘되지 않는다고 하면 우선은 자신의 선택을 믿고 자신의 결정을 존중하는 것이다. 그리고 식당에 손님들이 많이 찾아올 수 있도록 노력하라. 왜 손님들이 오지 않는지 생각해보고 다양한 요리법을 개발하고 청결한 식당 내부를 조성하라. 그리고 친절하게 손님들을 맞이하라. 자신이 선택한 일에 일단 최선을 다해 보는 것이다.

우리가 무엇을 선택하든 그 선택에 대한 책임과 집중이 필요하다. 후회가 된다고 해서 쉽게 포기하거나 좌절하는 것은 바람직하지 않다. 내가 글을 쓰는 것도 나의 선택이다. 그래서 난 글을 쓰는 일에 열정을 바친다. 지금 곁에 있는 텔레비전에서는 드라마가 재방송 되고 있다. 저 드라마에 나오는 배우들을 보자. 그들은 자신이 선택한 배우라는 직업에 최선을 다하고 있을 것이다. 연기를 하면서 이런 생각을 하는 배우가 있다면 어떻겠는가.

"내가 이 짓을 왜 하고 있지?"

만약 이런 생각을 하는 배우가 있다면 그의 연기는 최악일 것이다. 자신이 선택한 일에 최선을 다해야 하는 이유는 명확하다. 선택에는 책임이 따르기 때문이다.

한번 시작한 일은 어떻게든 끝을 보겠다는 굳은 의지를 지니자. 자신의 선택을 믿고 최선을 다하는 삶이 행복한 삶이다. 인생은 차근차근 딛고 올라가는 계단이다. 갑자기 부자가 된다거나 하루아침에 유명해지기를 기대하지 말자. 자신의 선택에 대한 확신을 갖고 꾸준한 노력으로 얻어질 결실을 기대하라.

현재 어렵더라도 좌절하기에는 이르다. 취업이 되질 않는다고 좌절하지 마라. 가게를 오픈했는데 매출이 신통치 않다고 우울해 하지 마라. 작품을 썼는데 혹평만 당한다고 서러워하지 마라. 이제부터가 시작이다. 한 번 선택한 길에 의구심을 갖지 말고 힘차게 걸어가라. 자신의 선택에 대한 책임감을 가지고 그 일에 최선을 다하는 것이 우선이다. 끝까지 최선을 다한 후에 그 선택에 대해 평가를 해도 늦지 않는다.

06
초라하다고 울지 마

"난 왜 이렇게 초라할까……."

간혹 우리는 이런 생각들을 한다. 나도 과거에 이런 생각을 많이 한 사람 중의 하나였다. 우리는 자기 자신에 대해서 이미지를 갖고 있다. 이를 자아개념이라고 한다. 자기 스스로를 어떤 사람이라 생각하고 어떻게 평가하느냐에 따라 삶의 질이 달라질 수 있다. 우리는 자신의 가치를 지켜야 하는 존엄한 인간이다. 자신의 가치를 스스로 깎아내리면 본인은 물론 주변도 불행해지기 쉽다.

과거의 나는 스스로를 초라하다고 여기면서 나 자신을 가엾게 만들었다. 그런 생각에 사로잡혀 있으니 어디에 가서도 기를 펴지 못하고 자신감 없고 소극적으로 행동하게 된다. 초라하다고 생각하는 대신 내가 얼마나 대단한 존재이고 중요한 사람인지 되돌아보기로 했다. 자신의 존재를 소중하게 여기며 유능한 사람이라고 믿으려 애썼다. 사람은 자기 자신에 대해 지니고 있는 생각이나 신념에 따라 다른 사람을 대하는 태도도 달라진다. 자신이 장점이 많은 괜찮은 사람이라고 믿는 사람은 대인 관계에서도 자신 있고 당당하게 행동한다. 하지만 스스로를 약점이 많고 보잘것없다고 생각하면 사소한 일에도 불안, 초조해 하고 열등감에 시달리기도 한다.

혹시 자신이 초라하다고 생각하고 있는가. 자신의 삶이 마음에 들지 않는다면 지금부터 그 생각에 제동을 걸어라. 부정적 자아개념의 악순환에서 벗어나 긍정적인 자아개념을 갖도록 노력해야 한다. 자신을 초라한 존재라고 여기면서 살면 언제까지고 그런 삶을 살 수밖에 없다. 그렇게 살면 주변 사람들도 그렇게 여기게 된다.

자신에 대한 생각이나 신념이 부정적인 사람은 '나는 초라해.' '난 할 수 없어.'라고 자기를 비판하고 평가절하하며, '내 능력은 저 사람보다 못해.' 하면서 다른 사람과 비교하여 열등감에 사로잡힌다. 자신을 타인과 비교함으로써 초라함이라는 굴레에 갇힌다. 그대는 그대고 다른 사람은 다른 사람이다. 그대의 삶이 다른 사람들의 삶과 같을 수는 없다. 사람들은 자신을 타인과 비교하느라 시간을 허비하고 있다.

옆집 사는 사람이 고가의 차를 샀다고 하자. 그러면 자연스럽게 자신과 비교하게 된다.

"내 차는 5년도 지난 똥차인데 저 사람은 저렇게 좋은 고급 차를 타다니! 이 불평등한 세상. 난 언제 저런 차를 타본단 말인가."

친구가 재력가의 배우자를 만나서 결혼한다고 해보자. 내색은 하지 못하고 속으로 또 자신과 비교한다.

"휴, 난 힘들게 고등학교를 졸업한 가난한 사람과 결혼했는데 쟤는 무슨 복이 많아서 저런 사람을 만난 걸까."

타인과의 비교는 자존감에 상처를 주고 자신에 대한 열등의식만 가중될 뿐이다. 긍정적인 자아개념을 가진 사람은 자신을 가치 있게 여기며 자신을 사랑하고 스스로의 약점까지 수용한다. 또한 다른 사람들의 비판이나 평가를 긍정적으로 받아들이고 매사에 진취적이고 적극적이다. 이제는 좀 더 자신을 좋아하고 칭찬하자. 인간은 누구나 존엄하고 고귀한 존재다.

내가 초라하지 않게 된 것은 나 자신을 다른 사람들과 쓸데없이 비교를 하지 않음으로써 가능했다. 더 이상 다른 사람들과 비교하지 않게 되자 비로소 본래의 나 자신이 보이게 되었다. 비교를 멈추고 자신에 대한 평가를 긍정적으로 하여 자신을 좋아하고 자신에게 만족하는 내가 되어야 한다.

07
생각을 바꾸면 새로운 세계가 열릴 거야

그녀는 도시에서 원룸을 얻어 홀로 생활하면서 회사에 다니고 있었다. 그런데 다니던 회사가 부도가 나는 바람에 어쩔 수 없이 그만두게 되었다. 직장을 잃어버린 사람에게 현실적으로 닥치는 문제는 생계이다. 먹을 것, 입을 것, 모두가 돈으로 해결해야 하기 때문이다. 특히 그녀는 객지생활을 하고 있었던 터라 더욱 그런 문제가 시급했을 것이다. 그녀는 서둘러 다른 직장을 알아봤지만 마땅한 직장을 구하기가 어려웠다.

그러던 어느 날, 자신에 대해 다시 한 번 생각해보았다. 자신이 가지고 있던 생각의 관점을 바꾸어 위기를 변화의 기회로 살려 보기로 했다. 그녀는 평소에 관심이 있던 미용기술을 배우기로 했다. 학원에 다니는 동안은 아르바이트를 해서 생활비를 충당했다. 그리고 몇 년 후에 그녀는 그 도시에서 꽤 유명한 미용실을 운영하게 되었다.

생각의 관점을 바꾸면 새로운 기회를 찾을 수 있다. 그녀는 직장을 잃은 위기를 새로운 기술을 배우는 기회로 활용하였다. 다른 직장을 구한다는 일반적인 생각에서 벗어나 새로운 기술을 배워 좀 더 안정적인 일을 해야겠다는 사고의 전환으로 새로운 삶을 살아가게 되었다. 생각을 달리하면 새로운 세상이 열린다.

인생은 바라보는 관점에 따라 달라진다. 긍정적으로 상황이나 문제를 바라보면 불가능을 가능으로 만들고 절망을 희망으로 바꾸며 눈물을 웃음으로 승화시키는 최고의 인생 비법이 아닐 수 없다. 전혀 가망 없어 보이는 일조차도 긍정적인 생각을 토대로 실마리를 풀어가다 보면 어느새 수월하게 일이 풀리는 경우가 있다. 사람이 울고 싶다거나 죽고 싶다는 건 슬픔이 극도로 팽배해져 있을 경우다. 삶을 살다 보면 여러 가지 어려움에 직면하게 되고 그것이 도저히 견딜 수 없을 정도로 고통스러울 때 우리는 슬퍼진다. 이러한 슬픔의 정서를 유발하는 상황은 우리 힘으로 도저히 어쩌지 못하는 급작스러운 사건이나 사고에서 올 수 있지만 때때로는 자신이 가진 부정적인 사고에 의해서도 온다. 생각의 관점을 바꾼다는 것은 자신이 갖진 고정관념이나 편견 등을 바꾸는 것과 같다. 그렇지만 모든 슬픔이 해로운 것은 아니다. 슬픔은 인간의 본능적인 감정이기에 무조건 억누르는 것은 정신 건강에 좋지 않다. 여기서 우리가 주목해야 할 슬픔은 잘못된 생각으로 유발된 반이성적인 슬픔이다. 반이성적인 슬픔은 고통을 불러들인다. 그래서 사람의 밥맛을 떨어뜨리고 일에 대한 의욕을 잃게 한다.

그렇다면 어떻게 해야 생각의 관점을 바꿀 수 있단 말인가. 그것은 반이성적 슬픔을 유발하는 잘못된 생각을 바로잡아야 한다. 인간을 괴롭게 하는 것은 특정한 사건이나 인물이기도 하지만 자신의 편협하고 부정적인 생각일 수도 있다. 우리의 생각이 그토록 우리를 괴롭게 했음을 인정하자. 자신의 실수나 잘못을 진실로 인정하는 일은 쉽지 않다. 특히 자존심이 강한 사람일수록 더욱 그러하다. 나도 그런 사람 중의 한 명이다. 그래서 지금도 나 자신의 실수와 잘못을 인정하는 연습을 한다. 나의 잘못된 생각에 대해 반성하는 시간만큼 유익한 시간도 드물다. 자신의 생각이 잘못되었다면 기꺼이 반성하고 생각의 틀을 과감하게 바꾸어라. 그렇게 할 때 비로소 새로운 세계가 열릴 것이다. 생각의 관점을 바꾸기 위해서는 자신의 실수나 잘못에 대해 지나치게 너그러웠던 기존의 습관을 바꿀 필요가 있다.

08
홀로서기의 당당함

　우리는 너무 자주 외로움과 직면한다. 맛있는 음식을 먹어도, 친구를 자주 만나도, 개그 프로그램을 챙겨 봐도 가슴 속은 왜 이렇게 허할까. 허전함과 외로움은 시도 때도 없이 찾아와 떠날 줄을 모른다. 그래서 기댈 수 있는 누군가를 갈구한다. 물에 젖은 솜처럼 무거운 몸과 마음을 누군가에게 의지해 위로받고 싶다는 막연한 생각을 해본 적이 있는가. 기댈 수 있는 사람이 없어서 지금 울고 있지는 않은가. 혹은 그런 사람이 어디에 있을까 찾아 헤매고 있지는 않은가. 우리의 빈 가슴을 따스하게 어루만져주고 지친 마음을 달래줄 사람은 누구인가.

　그대처럼 나도 눈물 나게 외롭고 쓸쓸한 날이 많다. 그래서 기댈 수 있는 사람을 애타게 찾아 헤맨 적이 많다. 그러나 타인에게 받는 위안이란 한계가 있었다. 많은 시행착오를 거친 후 이제 진정 내가 기댈 사람이 누구인지 알았다. 우리가 의지할 사람은 바로 자기 자신이다. 이 세상에서 유일무이하게 모든 비밀을 지켜줄 수 있는 사람, 이 세상에서 가장 확실하게 자신을 사랑해줄 수 있는 사람, 죽을 때까지 내 곁에 있어줄 단 한 사람. 자기 자신이 그런 사람이다.

"난 언제나 누군가에게 기대고 싶은 외로운 존재야."

"누가 지친 내 마음을 어루만져줄까?"

그러나 기대고 싶은 사람을 완벽하게 이해해주고 토닥여 줄 수 있는 사람은 없다. 누구도 다른 이 세상 모든 사람의 고민과 걱정을 다 해결해줄 수는 없는 노릇이다. 각자의 삶의 모습에 따른 고민과 그 해결법은 자기 자신만이 갖고 있다. 그렇다면 우리는 자신을 지탱해줄 힘이 길러왔는가, 자문하지 않을 수 없다.

자신을 지탱해줄 힘을 길러야 한다. 그래야 자신이 기댈 수 있는 자신이 될 수 있다. 타인에게 지나치게 의존하지 마라. 물론 책이나 강연회, 기타 여러 가지 유용한 것들의 도움을 받을 수는 있다. 그러나 그것들은 보조적인 수단에 불과하다. 자신의 의지를 강하게 훈련하고 내면의 힘을 기르기 위해 노력해야 한다. 기댈 수 있는 마지막 보루는 우리 자신임을 잊지 말자.

"내가 기댈 수 있는 사람은 바로 나야!"

이렇게 자신에 대한 믿음이 충만할 때 자신의 인생을 당당하게 걸어 나가는 힘이 생긴다. 우리가 기댈 최후의 보루는 바로 자신이다. 자신의 힘으로 씩씩하게 맞서 헤쳐나가는 것이 인생이다. 외로울 때 맘껏 외로워하자. 괴로울 때도 그대 자신에게 기대어서 눈물 흘려라. 그곳이 가장 편안한 안식처임을 잊지 마라.

09
부족함이 주는 행복

    요즘 리얼 다큐멘터리가 연일 화제가 되고 있다. 특히 원시적인 모습을 간직한 채 살아가는 부족들을 다룬 다큐멘터리는 각종 오락프로그램의 소재가 되기도 하면서 반향을 불러일으키고 있다. 아프리카 오지에 사는 부족들의 모습은 흡사 인류의 조상을 연상시킨다. 이와 같은 리얼 다큐멘터리의 인기는 그렇게 살고 싶어도 살지 못하는 현대인들의 애환이 담겨 있는 것 같다.
    정글에 사는 원시 부족들은 열매를 따 먹고 사냥을 하며 산다. 그들은 자연 그대로를 받아들이고 서로 도와가면서 산다. 그들은 문명의 이기에 젖은 사람들에 비해서 한없이 순수하다. 악어 한 마리를 잡아도 온 부족이 나눠 먹고, 높은 나무에 올라 수고스럽게 열매를 따도 부족들이 함께 나눠 먹는다. 욕심 없는 그 모습에서 우리는 사뭇 감동을 느낀다. 가진 것 없이 사는 데도 그들은 참 행복해 보인다.

현대인들은 왜 그렇게 살지 못하는가. 가진 것 없어도 자신의 삶에 만족할 줄 안다면 매우 행복한 사람이다. 대부분 사람들은 자신이 가진 것보다 부족한 것에 초점을 맞춰 늘 불행해 한다. 나도 가끔은 가진 것 없다는 사실이 화가 난다. '내가 저것만 있다면 좀 더 많은 일을 할 수 있을 텐데.'라는 원망 어린 생각이 들기도 한다. 하지만 그런 생각은 나 자신을 더 의기소침하게 할 뿐이다. 모든 것을 다 가진 사람이 있을까. 그런 사람은 진정 행복할까?

동창 중에 매우 성공한 사업가가 있다. 그 친구는 다른 친구들의 동경 대상이 되었다. 그러나 막상 그 자신은 매우 외롭다고 말했다. 자신의 주변에는 진정으로 자신을 좋아해 주는 친구는 없는 것 같다고 한다. 돈 때문에 연락해온 친구들이 대부분이라는 말을 하면서 그는 한숨을 쉬었다. 그는 겉으로 보기에 매우 가진 것이 많아 보이는데 왜 행복하다고 느끼지 못하는 걸까. 그도 처음에는 돈이 많아지면 행복해질 거라는 꿈을 꾸면서 사업을 시작했을 것이다. 하지만 예전보다 부유해졌는데도 막상 그렇게 행복해 보이지 않았다.

경제적인 여유가 풍요롭고 편리한 삶을 제공한다. 자본주의 사회에서는 더욱 그러하다. 우리가 원시인의 삶을 간직한 채 살아가는 자급자족이 가능한 아프리카 부족이 아닌 이상 돈을 벌기 위해 노동력을 제공할 수밖에 없다. 과거에는 모든 의식주에 대한 자급자족이 가능했다. 그러나 현대 자본주의 사회에서는 불가능하다. 돈이 없으면 의식주는 물론 의료, 교육 등도 매우 어려워지는 것이 사실이다. 자본주의 사회에서 돈은 반드시 필요하지만 지나치게 돈에 집착하는 것은 자칫 삶을 불행하게 만들 수 있다. 로또복권 1등으로 당첨된다 하더라도 자신의 힘으로 번 돈이 아니기 때문에 쉽게 사라지기 쉽다. 로또복권에 당첨된 사람의 상당수가 불행한 삶을 살고 있다는 언론의 보도는 우리에게 이런 것을 시사하고 있다.

"돈이 당신의 인생을 행복하게 만들어주지는 않는다."

물질적으로 다소 부족하더라도 얼마든지 행복하게 살 수 있다. 물질적 궁핍함에 백기를 들지 마라. 돈이 없어서 삶을 포기하기보다는 희망을 잃은 사람들이 더러 최후의 선택을 한다. 인간은 희망만 있다면 얼마든지 살아갈 수 있다. 물질적으로 다소 부족하더라도 자족하는 마음자세가 때로는 필요하다. 자신의 가난함을 부끄럽게 여기지 말고 당당해져라. 지금 자신이 가진 것이 없다면 더 많은 것을 채울 수 있는 여백을 지녔다고 여겨라. 희망을 가지고 자신의 삶에 만족하면서 즐겁게 살다 보면 풍요만이 행복한 인생을 보장하지 않는다는 것을 알게 된다.

10
손빨래 예찬

　날마다 나는 옷을 빤다. 세탁기에 넣고 빠는 옷도 있지만, 외출복은 대부분 손빨래를 한다. 빨래를 하면 특별한 치유의 감정이 생긴다. 더러워진 옷에 비누칠을 하고 거품이 잘나도록 박박 비벼서 여러 차례 깨끗하게 헹구는 빨래라는 행위는 사람의 가슴을 시원하게 만든다. 마치 박하사탕을 입에 문 것 같은 청량감을 들게 한다.
　지금 우울하다면 빨래를 하자. 더러운 옷에 물을 적시고 비누를 칠하고 손으로 박박 문지르며, 거품이 일고 때가 사라질 때까지 헹궈내다 보면 마음속의 묵은 때도 벗겨지는 느낌이다. 그래서 깨끗해진 빨래만큼 내 마음도 하얗고 투명해진다. 나는 속상한 일이 있을 때 쪼그려 앉아서 빨래를 하면 속상함이 어느 정도 잊힌다. 비누를 칠하고 비비고 주무

르고 옷을 헹구는 일이 즐겁다. 그래서 빨래는 일상의 중요한 일부분이 되었다. 세탁기가 있는데도 불구하고 굳이 손빨래하는 사람을 이해하지 못하는 사람도 있을 것이다. 하지만 정작 손빨래를 하는 당사자는 자신의 손길에 의해 깨끗해지는 빨랫감을 보며 일상의 스트레스를 씻어버리는 느낌을 받는다.

옛날에는 마을에 빨래터가 있었다. 동네 아낙네들은 우물가나 냇가에 모여서 빨래를 하며 각자의 고민거리들을 풀어내면서 스트레스를 해소하였다. 하지만 요즘에는 욕실에 앉아서 빨래를 하는 경우가 대부분일 것이다. 곁에 다른 말동무가 없더라도 괜찮다. 혼자서 빨래를 하는 것도 스트레스를 없앨 수 있는 좋은 시간이 될 것이다.

특히 헹구는 일이 아주 의미 있는 행위다. 맑은 물이 나올 때까지 깨끗이 헹구는 과정, 손빨래가 주는 감동이 여기에 있다. 세상살이에서 받은 시름을 빨래를 헹구면서 같이 헹궈진다고 생각하면 빨래도 일종의 수행이다. 난 그래서 빨래하는 일이 기다려진다.

옷을 빨고 난 후에는 볕 좋은 마당에 빨래한 옷들을 금빛 햇살이 뿌려지는 마당에 나가서 건조대에 널면 기분이 상쾌하다. 남은 물기를 탈탈 털어서 예쁘고 가지런하게 하나씩 널고 나면 뿌듯함이 느껴진다. 자신의 손으로 묵은 때를 제거하고 햇살 아래에 빨래를 너는 일은 사소한 일 같지만, 매우 큰 기쁨을 준다. 우리들에게는 이처럼 작은 일이지만 큰 기쁨과 보람을 주는 일들이 많이 있다. 단순해 보이는 일일 수도 있지만 소소한 집안일에서도 깨달음을 준다. 뭔가 찜찜하고 엉켜버린 실타래처럼 풀리지 않는 숙제가 있다면 욕조에 물을 받아 이불을 빨아보자. 발로 꾹꾹 밟아주면서.

바라보는 시선

수십 년도 더 지난 일이다. 친구의 병문안을 마치고 병원 버스를 탔을 때의 일이다. 아직 버스 기사 아저씨가 타지 않았고 손님들만 타고 있었다. 그때 불만 어린 남자의 목소리가 들렸다.

"기사는 어디 간 거야. 손님들이 기다리는데 추운 겨울에 문도 안 달고 도대체 뭐하는 거야."

아직 오지 않고 있는 버스 기사에 대해 독설을 퍼부었다. 물론 버스가 출발할 시간이 되려면 한참 멀었다. 그러자 다른 사람이 말했다.

"아직 약속된 출발시간이 남아 있습니다. 이 버스 기사님은 오르고 내리는 손님들에게 친절하게 일일이 인사도 해주시고 매우 좋은 분 같아요."

그러자 처음에 기사가 불친절하다고 말한 사내가 불쾌하다는 듯 언성을 높였다.

"무슨 소리요? 그 사람이 예전에 다른 사람하고 싸우는 걸 내가 봤는데. 아주 성격이 안 좋아 보였다고!"

도대체 누구의 말이 옳은 걸까. 내가 겪은 병원 버스 기사는 친절한 사람 같았다. 나는 기사를 두둔하던 여자 손님과 같은 의견이었다. 그는 손님들이 내리기 전에 먼저 내려서 거동이 불편한 사람을 부축해주었고 또 손님들에게 웃으면서 친절한 말씨로 인사를 하는 사람이었다.

같은 사람을 놓고 한 사람은 나쁜 평가를, 또 다른 사람은 좋은 평가를 내렸다. 나는 집으로 오는 길에 그들의 대화를 다시 한 번 생각해봤다. 기사를 나쁘게 말한 사람은 그의 안 좋은 부분만 확대해서 보았을 가능성이 높다. 반면 기사의 친절함을 강조한 사람은 그의 좋은 점을 확대해서 보았을 것이다.

세상은 우리가 어떤 관점으로 바로 보는가에 따라 다르게 보인다. 사람을 나쁘게 보면 모든 면이 다 나쁘게만 보일 것이다. 그렇지만 좋게 보려면 또 좋게만 보이는 것도 사실이다. 이왕 사는 것 다른 사람을 나쁘게 보고 스트레스를 받으면서 살지 말자. 가슴 아프게 만든 사람도 좋게 보려면 얼마든지 좋게 봐줄 수 있다. 어떤 색의 안경을 쓸까. 노란색 안경을 쓰고 세상을 보면 노랗게 보이고 파란 색 안경을 쓰고 세상을 보면 파란 세상이 보일 것이다. 하지만 나는 그대에게 사랑이라는 안경을 쓰라고 말하고 싶다. 이 안경은 누구보다 자가 자신을 위해서 필요하다. 그리고 자신의 마음을 더 너그럽게 만들어주는 역할을 해줄 안경이다.

사람도 사랑하는 마음으로 보고 세상도 사랑하는 마음으로 보아라. 위에서 말했던 병원 버스 기사에 대해서도 마찬가지다. 좋은 마음으로 기사를 보면 그에 대한 연민이 생긴다. 한 가정의 가장으로서 그는 새벽부터 일어나 준비하고 밥을 먹고 일터에 나와 늘 아픈 사람들을 태워 나르는 고된 일을 하면서 별의별 사람들을 다 만날 것이다. 그중에는 말도 안 되는 트집을 잡는 사람도 있었을 것이고 가끔은 기사 일을 때려치우고 싶은 충동도 느꼈을 것이다. 하지만 그는 늘 웃는 낯으로 손님들에게 친절하게 대한다. 따뜻한 마음으로 기사를 보면 그의 고된 일상이 보이고 그의 힘겨운 삶이 이해된다.

자신에게 벌어지는 일에 대해서도 도저히 내게 일어나서는 안 되는 일이 벌어졌다고 원망하지 말고 너그러운 마음으로 이해하라. 이 일이 벌어지게 된 것은 하늘이 나를 더 큰 사람으로 만들기 위해 주는 선물이라고 받아들여라. 그런 사랑의 마음은 위기에서도 희망을 만들 수 있다. 모든 건 보기 나름이다. 우리가 어떤 시선으로 바라보느냐에 따라서 똑같은 사람이 악마도 될 수 있고 천사도 될 수 있다. 또한 똑같은 사건이 역경이 될 수도 있고 생애 최고의 기회가 될 수도 있다.

12

속상한 일이 생기면
네가 가장 좋아하는 일을 하렴

　폭풍처럼 눈물이 쏟아질 때가 있다. 아마 견딜 수 없을 정도로 속상한 일이 생겼을 때일 것이다. 이럴 때 어떤 사람은 폭식을 하거나 매운 음식으로 스트레스를 풀기도 하고 술로 고민을 잊으려 한다. 실제로 불경기가 되면 매운 음식이나 주류의 판매량이 늘어간다는 통계가 있다. 그러나 이런 것들은 근본적인 해결책이 되지 못한다. 그렇다면 어떻게 해야 할까.
　내 경우에는 속상한 일이 생기면 가장 좋아하는 일을 한다. 그것은 글을 쓰는 일이다. 글을 쓰고 있는 순간만큼은 속상했던 일들이나 괴로웠던 생각들도 전혀 떠오르지 않는다. 글을 쓰는 일은 몰입을 필요로 하기 때문에 잡념들이 떠오를 틈이 없다. 사람은 자신이 좋아하는 일을 하면 괴로움을 잊을 수 있다.

현대와 같이 복잡하고 변화무쌍한 사회에서 개인은 스트레스를 피해갈 수 없다. 따라서 적절하게 스트레스를 관리할 수 있어야 한다. 마음에 상처를 주는 일이나 괴로운 상황에 부닥쳤을 때 자신을 치유할 수 있는 좋은 취미 생활을 하는 것도 바람직하다. 서예, 운동, 악기, 여러 가지 레저활동 등 자신이 가장 좋아하고 잘할 수 있는 취미를 갖고 몰입을 하다 보면 스트레스나 괴로움에서 잠시 벗어날 수 있고 고통의 상황이 좀 더 객관적으로 인지될 수도 있다.

자신이 가장 좋아하는 일이 직업이 된다면 더 이상 바랄 것이 없다. 그러면 일에 몰입할 시간이 많아지고 다소 일이 힘들더라도 참고 견디게 된다. 삶의 대부분을 하기 싫은 일을 하면서 보내야 한다면 얼마나 힘들겠는가. 자신이 좋아하는 것에 몰두하면 정신적, 경제적인 측면에서도 효율적이다. 그러나 직업과 자신이 가장 좋아하는 일이 일치되지 않더라도 의기소침해지지는 말자. 그럴 때는 틈을 내어서 건전한 취미생활을 하면 되니까. 가장 자신에게 맞는 취미 생활을 날마다 할 수 있다면 속상한 일도 그만큼 줄어들 것이다. 아픈 마음의 상처를 상쇄시켜줄 좋아하는 일을 한두 가지 만들어 보자.

13
친구가 많지 않아도 괜찮아,
이 세상 모든 것이 네 친구니까

　학교 다닐 때는 친구들을 쉽게 많이 사귀었지만, 성인이 되고 사회생활을 하게 되면 친구를 사귀기가 어렵다. 속마음을 깊게 나눌 친구라면 말이다. 사람들은 친구가 없는 것을 다소 불안해하는 경향이 있다. 친구가 없다는 것이 사회생활을 제대로 못 한다는 말처럼 들리기 때문이다. 그러나 친구 몇 안 되는 사람은 많다. 친구가 한 명뿐인 사람도 많다. 그러니 친구가 많지 않더라도 슬퍼하지는 말자.

　사실 학창시절이 지나면 친구를 사귀기가 쉽지 않다. 어린 시절 친구들은 서서히 멀어지고, 순수하게 나누던 우정은 세월이라는 더께 때문에 서서히 흐릿해지게 된다. 결혼을 해서 아이들을 낳고 키우다 보면 친구 관계가 더욱 소원해지기 마련이다. 동창회에서나 만나는 친구들은 예전 같지가 않다. 어린 시절에는 친구를 사귀는데 순수하고 깨끗한 마음 하나면 되었다. 그러나 어른이 되어 사람을 만나게 되면 여러 가지 그를 둘러싼 조건들에 눈이 간다. 그래서 자신보다 못하다고 생각되는 친구와는 거리를 두게 된다. 그래서는 안 되는 걸 알면서도 말이다.

절친한 친구가 없다고 해서 불행한 것은 아니다. 속마음을 후련하게 털어놓을 상대가 없어서 조금 답답할 수 있다. 그럴 경우에는 친구라는 개념을 조금 더 넓게 확장해보는 건 어떨까 싶다. 예컨대 친구를 사람에 한정해서 생각할 것이 아니라 광범위한 대상으로 확대하는 것이다.

아주 폭넓게 보면 이 세상의 모든 것들이 친구다. 지금 이 순간부터 자신의 친구 목록에 이런 것들을 추가하자. 자신이 가장 아끼는 물건들 하늘, 구름, 별, 달, 식물, 동물 등. 그런 것들을 친구로 생각하면 외로움은 줄어들 것이다.

"난 진정한 친구가 한 명도 없어!"

"내 친구들은 모두 날 이용하려고만 해. 진심을 나눌 친구란 없는 것 같아!"

이러면서 친구의 진정성에 대해 회의를 품고 있지는 않은가. 이젠 그럴 필요가 없다. 그대에게는 헤아릴 수 없이 많은 친구들이 주변에 있다. 나 역시도 그렇다. 그래서 외로움 때문에 괴로워하던 날들이 줄어들었다. 컴퓨터도 친구고 의자도 마우스도 휴대폰도 텔레비전도 모두 친구다. 마당 가에 서 있는 석류나무, 감나무, 백일홍 나무도 모두 친구들이다. 심지어 방바닥을 기어 다니는 개미도 친구의 대열에 합류할 수 있다. 나는 이런 친구들이 있어서 참 좋다. 이 친구들은 내 비밀을 절대 발설하지 않을뿐더러 나에게 상처 주지 않는다. 우리 주변에 마음을 따뜻하게 해주는 수없이 많은 친구들이 있다.

14

이별해도 울지 않기

이별의 고통은 더할 나위 없이 크다. 특히 사랑하는 사람과 결별했을 때 그 고통은 세상을 다 잃은 것처럼 아프다. 사랑하기 때문에 얼마나 더 아파야 하는 걸까. 만일 그대가 지금 실연으로 괴로워하고 있다면 지금부터 함께 그 고통을 나누어보자.

이 세상의 절반을 차지하는 여자와 또 이 세상의 절반을 차지하는 남자가 만나서 서로 사랑하는 것은 축복받아 마땅한 일이다. 그러나 그 뜨겁게 불타오르던 사랑이 모두 아름다운 결실로 이어지지 않는 것 또한 사실이다. 절대 변할 것 같지 않던 사람이 순식간에 냉정하게 변해버리는 경우를 많이 볼 수 있다. 사랑은 불변하는 가치지만 연인과의 사랑은 변하기 마련이란 것을 받아들이자. 남녀 간의 사랑은 절대불변의 사랑이 아니다. 불변의 사랑이란 종교적 사랑, 부모의 헌신적인 자식 사랑 등이 있을 뿐이다. 이런 사랑에 비하면 남녀 간의 사랑은 무척이나 유동적이라 볼 수 있다.

남자는 시각적인 측면에서 약하고 여자는 청각에 약하다는 것은 이미 상식이다. 남자가 여자를 볼 때 가장 먼저 시각이 반응한다고 볼 수 있다. 예쁜 얼굴, 아름다운 각선미, 풍만한 볼륨 등. 그러나 여자는 다르다. 여자는 청각적인 면을 더 많이 수용한다. 예컨대 남자의 부드럽고 신뢰감 있는 목소리가 잘생긴 얼굴보다 더 여자의 감성을 자극한다고 볼 수 있다.

그럼 한 남자가 한 여자를 평생 사랑할 수 있는가에 대해 생각해보자. 위에서 말했듯 남자는 시각에 약하다. 여자의 아름다운 외모가 평생 지속한다면 사랑이란 감정도 평생 지속할 수 있을지 모른다. 하지만 여자 나이 스물다섯만 지나도 피부노화가 시작된다. 여자의 외모는 서른이 되기도 전에 서서히 변하게 되어 있다. 남자가 어린 여자를 좋아하는 것을 자주 봤을 것이다. 한 남자가 한 여자를 평생 사랑한다는 것은 불가능에 가깝다.

평생토록 한 사람만 사랑한 사람이 없지는 않다. 그러나 아주 극소수다. 대부분의 평범한 남자들은 시각적 측면의 아름다움에 쉽게 동요되기 때문에 정신적 사랑을 통한 사랑에 이르기도 전에 이별하고 마는 것이다. 여자도 물론 그런 경우가 많다.

그러면 현재의 자신에게 다시 돌아와 보자. 만약 자신이 사랑하는 사람에게 버림받은 처지라고 한다면 한없이 비참할 것이다. 그런데 여기서 한 가지 짚고 넘어가야 할 것이 있다. 버림받았다는 표현이다. 남자든 여자든 누구를 버릴 자격은 없다. 그러므로 그대는 버림받은 것이 아니라 상대방의 일방적인 이별통고를 들었을 뿐이다. 그 사실을 '버림받았다.' 혹은 '채였다.' 등의 비관적인 말로 표현하지 마라. 대신 갑작스러운 이별에 대해 자신이 어떻게 대처할 것인가를 생각해보는 것이 더 현명한 처신이다.

십 대의 사랑과 이십 대의 사랑이 다르듯 서른이 넘어서 하는 사랑은 또 다르고, 황혼의 사랑은 더더욱 다르다. 외모만 보고 사랑한 사람은 그 마음이 오래도록 지속할 수 없다. 인간의 외모는 세월을 거스르기가 어렵다. 그리고 그런 사랑을 진실되다고 말할 수 없다.

자신을 사랑한다고 했던 상대방이 외모에 집착한 사랑을 했다면 세월이 흐르면 그 마음은 변할 것임을 알아야 한다. 연인의 사랑이 영원불변하길 바라는 마음은 누구에게나 있다. 그러나 인간의 육체가 그러하듯 정신도, 마음도 변해갈 수밖에 없다. 처음에 느꼈던 짜릿하고 뜨거운 사랑의 느낌이 서서히 식어가기 마련이다. 그러므로 자신에게 이별이 다가오거든 슬퍼하지도 말고 절망하지 말자. 사랑이라는 감정은 영원하지 않다는 사실을 기억하고 이별도 순순히 받아들이자. 그래야 자신을 지킬 수 있고 더 나아가 다가올 사랑에 미안하지 않을 수 있다.

15

하늘을 봐, 얼마나 푸른지

마음이 울적하면 빛도 없는 어둠 속에 웅크리고 앉아서 세상과 격리된 채 혼자만의 시간을 갖고 싶을 때가 있다. 햇살 가득한 외부에 나가기보다는 어두운 곳에서 웅크리고 앉아 슬픔을 껴안고 있기 쉽다. 그러나 이런 행동은 자칫 괴로움과 고통을 더욱 심화 확대하기 십상이다. 가끔 우리는 자신을 그렇게 방치해왔다. 슬퍼지면 모든 것이 귀찮아진다. 계속 자신을 슬픔 속에 가둔 채 그것이 설령 더 큰 어려움과 극심한 절망을 불러온다고 해도 벗어나고자 하는 의욕이 쉽게 생기지 않는다.

하늘을 하루에 몇 번이나 쳐다보는가. 나도 한동안 하늘 한 번 제대로 보지 않고 살았었다. 그 시절의 나는 어둠의 세계에 갇혀서 절망을 오징어처럼 씹었던 것 같다. 하루에 하늘 한 번 올려다볼 여유조차 없는 생활을 하고 있었다. 아름다운 자연은 눈에 들어오지 않았고 삶이 주는 기쁨이나 보람은 찾을 수 없었다. 바람이 불어도 귀찮기만 했고 비가 내려도 아무런 감흥을 느낄 수 없었다. 그렇게 살 때의 나는 행복하지 않았다.

사람이 산다는 것은 어떤 의미인가. 자연의 변화와 그것이 주는 아름다움에 감탄하고 인간관계에서 정을 느낄 때 풍요로운 삶을 산다. 하늘을 보지 않고 산다는 건 마음의 여유가 그만큼 없다는 뜻이다. 잠시 멈추어 보자. 미친 듯 달려왔던 지난날이 그대 자신을 이렇게 숨 가쁘게 만들 수 있다. 옆도 뒤도 돌아다보지 않고 오직 앞만 보고 달려가다 보면 인생이 주는 즐거움을 맛볼 수 없다. 미래를 위해 현재를 희생하는 삶도 행복할 수 없음을 기억하자.

하늘을 보라. 얼마나 푸른지. 앞만 보고 살아오지는 않았는가. 미친 듯 현재를 희생하면서 먼 훗날의 어느 날을 위해 살아오지는 않았는가. 가만히 자신을 되돌아보자.

요즘 많은 사람들이 자살을 하고 있다. 한국의 자살률이 세계 최고라는 것은 이미 잘 알려져 있다. 자살하는 사람들은 마지막까지 희망의 말을 남긴다고 한다. "내게 행운이 온다면." "누군가 내 마음을 이해해주면 좋을 텐데." 그들은 마지막까지도 자신을 포기하지 않고 싶었다.

그만 삶의 끈을 놓고 싶은 생각이 잠깐 든다면 하늘을 보라. 울고 싶어져도 하늘을 보라. 그리고 하늘에 가득한 희망을 보라. 다시 살아보자! 다시 일어설 수 있다! 이런 기대와 다짐을 하면서 자신을 추슬러라.

16
조금만 더 걸어보자

　언젠가 친구 몇 명과 같이 산행에 나선 적이 있다. 등산하고는 담을 쌓고 사는 나에게 산행은 특별한 외출이다. 싱그러운 숲의 향기에 취해 처음에는 즐겁게 걸었다. 평소에 보지 못한 새들도 보고 다람쥐도 보았고 오래된 고목도 볼 수 있었다. 그런데 오랜만에 산행에 나섰더니 금세 지치는 것이었다. 나는 짜증이 나고, 괜히 따라왔나 싶기도 했다. 사실은 친구가 자꾸만 가자고 해서 자의 반, 타의 반으로 산에 왔기 때문이다. 게다가 날씨도 매우 더웠다. 산 중턱에 이르자 나는 한계에 다다른 것만 같았다. 땀을 뻘뻘 흘리고 숨을 헐떡였다. 평소에 운동을 많이 하지 않은 탓에 체력이 고갈된 모양이었다.
　"아이고, 도저히 못 가겠다. 다리 아파."

그 말과 동시에 자리에 풀썩 주저앉아버렸다. 아직 절반도 오르지 않았는데 난 이미 녹초가 되어버렸다. 그러자 친구가 그런 나를 걱정하면서 이렇게 말하였다.

"정미야, 조금만 더 걸어가면 정상이야. 그곳에서 바라보는 풍경이 장관이지. 힘내!"

친구는 배낭에서 오이를 꺼내 주면서 내 어깨를 토닥여주었다. 산에서 먹는 오이 맛은 정말 물을 마시는 것보다 시원하고 맛있었다. 혹시라도 산행에 나설 분이 있다면 오이를 꼭 챙겨가라고 부탁하고 싶을 정도다. 한숨 돌린 나는 친구와 함께 다시 산길을 오르기 시작했다. 여전히 다리는 쑤시고 몸은 천근만근 무거웠지만, 목표지점을 향해 한 걸음 한 걸음 내디뎠다. 얼마쯤 걸었을까, 드디어 정상이 보였다. 가파른 길을 기다시피 올라 정상에 올라섰다.

정상에 오르자, 시야가 확 트이면서 산 아래가 파노라마처럼 펼쳐져 보였다. 하얗고 부드러운 구름이 바로 머리 위에 둥둥 떠 있었다. 정상에서 내려다본 산 아래 세상은 그렇게 고요하고 평화로울 수가 없었다. 이래서 사람들이 정상에 오르려고 힘든 산행을 하나 싶었다. 힘들게 걸어 올라온 보람이 있었다.

"고맙다, 친구야. 이렇게 멋진 장관을 못 볼 뻔했구나."

한 번쯤 죽고 싶다고 생각해보지 않은 사람이 있을까? 나도 그랬다.

힘들고 괴로운 일들 때문에 죽고 싶을 만큼 낙심하기도 했다. 하지만 난 조금만 더 걸어봤다. 조금만 더 힘을 내고 용기를 냈다. 그렇게 한 걸음, 한걸음 걸어서 지금에 이르렀다. 글쓰기가 힘들고 지칠 때 포기하지 않고 자신을 위로하는 심정으로 글을 썼다. 출구가 없어 보이는 절망의 터널 앞에서도 무릎 꿇고 주저앉기보다 절망의 벽을 뚫고 걸어나갔다. 이젠 살아야 할 이유가 더 많아졌다.

　모든 일에는 순서가 있다. 차근차근 단계를 밟아라. 서두르지 않고 자신이 할 수 있는 것에 최선을 다하는 것이 지혜로운 사람의 태도다. 조금만 더 걸으면 정상이다. 걸어가는 도중에 웅덩이에 빠지고 가끔 길을 잃을지도 모른다. 그러나 그것은 모두 정상에 오르기 위한 과정이다. 천천히 조금씩 걸어가자. 진정한 용기는 자신을 포기하지 않는 데서 출발한다.

17
바람은 언젠가는 멈춘다. 우리의 시련도 마찬가지

오늘따라 바람이 거세게 불어온다. 마른 나뭇가지들이 이리저리 휩쓸리며 심하게 흔들린다. 초속 몇 미터나 되는 바람일까. 꽤 거세다. 이 바람이 지나가면 봄이 올 것이다. 마지막 겨울이 몸부림치는 것 같은 바람을 온몸으로 맞아본다. 작년 오월에 나는 길거리를 걸어가다가 코끝을 자극하는 꽃향기를 맡고 잠시 멈춰 섰다.

"아, 이렇게 좋은 향기는 도대체 어디서 나는 걸까."

그리고 주위를 두리번거렸다. 도로변에서 조금 떨어진 야산에 있는 나무에 핀 하얀 꽃이 눈에 들어왔다. 그 나무의 이름을 그 당시에는 몰랐지만 이팝꽃 나무라는 것을 후에 알았다. 이팝꽃 향기는 바람을 타고 내게 다가왔다. 그러나 그 후 얼마 지나지 않아 꽃향기는 사라지고 그곳을 지나면 매캐한 매연 냄새가 났다. 나는 그 길을 지날 때마다 꽃향기가 그리웠다. 다시 봄이 오면 꽃향기는 또 거리에 가득할 것이다.

바람은 지나간다. 우리에게 닥친 시련은 마찬가지다. 우리의 시련도 바람에 실려서 오는 꽃향기나 매연과 같다.

인생길을 걸어가다 보면 꽃향기를 맡을 때도 있고 악취를 맡을 때도 있다. 항상 꽃향기만 맡을 수는 없다. 어찌 기나긴 삶의 여정에서 포장된 도로만이 우리 앞에 놓이겠는가. 이 악취가 바로 시련이다. 인생의 바람은 시련이라는 악취를 우리에게 배달해주고는 홀연히 사라진다. 잠시 우리 곁에 머물다 떠나가는 바람을 원망할 필요는 없다.

"왜 내 인생에는 좋은 일이 일어나지 않는 걸까. 지지리 복도 없지."

이렇게 혼잣말을 하다 보면 시련이라는 바람이 빠져나갈 수가 없다. 그것은 마치 환기를 시키지 않고 방 안에서 담배를 피우는 사람과 같다. 시련이라는 바람이 잘 빠져나가려면 마음을 환기해야 한다. 우선 시련이 바람이라는 것을 알아야 한다. 시련은 바람결에 실려 온 악취일 뿐이다. 그러니 마음의 창문을 모두 열어서 그 악취를 내보내라.

마음의 창문을 열지 않고 시련과 함께하는 사람은 그곳에서 벗어날 수 없다. 그러므로 우리는 마음의 창을 열어 환기를 시켜야만 한다. 마음의 창을 열면 맑은 바람이 들어온다. 예컨대 희망이라는 바람, 긍정이라는 바람, 행복이라는 바람이 악취를 끌어낼 것이다.

    이팝꽃 나무의 향기가 다시 흩날릴 때가 다가온다. 나는 마음의 창을 열어서 환기를 한다. 꽃향기보다 더 향긋한 인생의 좋은 향기가 내 마음의 방에 찾아올 것을 확신한다. 누구든 자신에게 믿음이 없으면 좋은 일이 생길 수가 없다. 좋은 향기가 나는 인생을 맞이하기 위해서는 자신의 인생이 그렇게 될 것이라고 믿어야 한다.

    마음의 창을 활짝 열어서 자신을 움츠리게 하던 바람을 내보내고 햇살에 실려 오는 따뜻한 봄바람을 맞이하자.

18
긍정적인 생각들

나는 예전에 부정적인 생각의 노예였다. 머리가 아플 지경까지 이런 생각을 할 때를 보면 몸을 움직이지 않고 있는 경우가 대부분이다. 가만히 앉아서 부정적인 생각을 하면 걷잡을 수가 없게 된다. 사람은 몸을 많이 움직이면 불필요한 생각을 덜 하게 된다. 신나게 축구를 하면서 부정적인 생각을 하는 사람은 별로 없다. 공이 자신의 앞으로 날아오는데 어젯밤에 아내와 다툰 생각을 하는 남자는 없을 것이다. 축구를 하려면 어디에서 공이 날아오는지, 상대방과 우리 편이 어떻게 움직이는지를 주시해야 하기 때문이다.

자꾸만 부정적 생각이 나는가. 그러면 지금이라도 자리를 박차고 일어서라. 밖에 나가서 산책하든지 가까운 시장에라도 다녀와라. 친구를 만나도 좋고 드라이브를 해도 좋다. 바람직한 것은 격한 운동이다. 배드민턴이나 탁구처럼 쉽게 접할 수 있으면서도 운동량이 많으면 더 좋다. 걷기나 달리기도 좋은 운동이다. 무엇보다도 침잠해 있는 그곳에서 꺼내오는 것이 급선무다. 팔다리를 쭉 뻗어서 스트레칭을 하면 근육과 관절의 피로가 풀리고 기분이 상쾌해질 것이다.

어떠한 사안에 대해서도 늘 부정적인 생각에 사로잡혀 있었던 자신을 발견하고 나는 걷기 운동을 하기 시작했다. 친구와 함께 하루에 두 시간 가까운 거리를 걸었다. 우리 마을에서 이웃 마을까지 걸어갔다 오는 왕복 코스였다. 차들이 쌩쌩 달리는 시골 길을 걸어가느라 집중하지 않으면 안 되었다. 또 간간이 밭에 난 농작물들의 생육상태를 보면서 이야기꽃을 피우기도 했다.

"배추가 많이 자랐네. 그새 이렇게 컸어."

"수박이 참 먹음직스럽게 익어간다."

그렇게 이런저런 이야기를 하면서 걷다 보면 부정적인 생각에서 다소 벗어날 수 있다. 몸을 움직인다는 것은 활력을 되찾는 최고의 비법이기도 하다.

부정적인 생각은 자신의 행복을 갉아먹는 좀 벌레다. 눈에도 잘 보이지 않을 만큼 작은 흰개미가 수백 년 된 나무를 갉아서 쓰러뜨리듯이 부정적 생각은 야금야금 우리의 정신을 갉아먹는다. 늘 긍정적인 태도를 지니고 있으면 문제가 발생했을 때 다양한 해결책을 찾을 수 있지만, 부정적인 사고나 자세는 문제 해결을 더욱 어렵게 한다. 하루라도 빨리 그런 생각에서 벗어날 방법을 찾는 것이 바람직하다.

   좋지 않은 생각들이 머릿속을 가득 채우고 있다면 일단 자리에서 일어나라. 그리고 무슨 일이든지 하자. 몸을 움직여라. 바깥에 나가기가 곤란한 날이라면 집안일이라도 해보자. 청소할 거리를 찾아서 하는 것도 좋은 방법이다. 창틀에 낀 오래된 먼지들을 제거한다든가, 옷장을 정리하는 것도 여러모로 괜찮은 일이다. 계절별로 옷을 분류하고 좋아하는 옷을 보면서 즐거운 회상을 하면 부정적 생각을 할 틈이 없다. 설거지는 또 어떤가. 난 설거지 하는 것을 좋아한다. 개운한 느낌이 들기 때문이다.

   그대는 부정적인 생각의 노예가 될 수도 있고 생각을 다스리는 주인이 될 수도 있다. 긍정의 힘이 필요할 때, 몸을 바삐 움직여서 자신에게 활기를 불어넣어 주어라.

19
책임감 있는 어른이 되자

생계가 곤란해진 한 가장이 가출을 했다. 남겨진 가족은 아이가 셋, 치매가 있는 노모, 정신장애가 있는 아내 이렇게 다섯이다. 가장의 가출로 인해 이들이 받을 타격은 상상할 수도 없다. 아직 열 살도 채 안 된 아이들은 어디로 갈까. 잘 갖추어진 복지 시설로 갈 수 있을지도 모른다. 노모나 아내 역시 적절한 시설에 가서 돌봄을 받을 수 있으나, 가장의 가출로 가족이 뿔뿔이 헤어지게 된다는 것은 비극적인 일이다.

한 사람의 무책임한 행동으로 많은 사람이 고통받을 수 있다는 것을 우리는 알아야 한다. 위에서 언급한 가장으로 인해 벌써 다섯 명이 고통받게 되지 않았는가. 가출을 할 정도로 상황이 심각했다면 가장은 좀 더 나은 선택을 해야 한다. 가족들을 끝까지 책임질 방법을 모색했어야 한다. 결혼을 했으면 가장으로서 가족과 함께 살아야 함은 당연한 일이다.

모든 행동에는 책임이 따르고 특히 어른이라면 더욱 그러하다. 어른이 된다는 것은 무슨 의미일까. 내가 어린 시절에는 이런 생각을 했다.

"어른들은 참 좋겠다. 뭐든 자기 맘대로 하니까. 나도 얼른 어른이 되었으면 좋겠다."

그렇게 십 대를 보내고 주민등록증을 발급받고 스무 살이 지나 성인이 되었다. 처음 주민등록증을 받은 순간부터 난 어른으로서 모든 것이 가능해 보였다. 주민등록증 속 내 얼굴과 지문은 앞으로의 인생을 허투루 보내서는 안 된다는 증명서 같았다. 그 이후 이십여 년 이상을 어른으로서 살아오면서 어른으로 사는 삶은 어릴 적 동경하던 삶과 과연 일치했겠느냐는 의문이 들었다.

천만의 말씀이다. 어른은 무엇이든 마음대로 하고, 잔소리도 안 듣고, 자유롭게 사는 멋있는 존재라는 생각은 무참히 무너지고 말았다. 어른은 자유롭기는커녕 온갖 것에 얽매인 삶을 사는 매우 불쌍한 존재였다.

숲 밖에서 숲을 보면 아름답기 그지없다. 산안개가 자욱한 숲은 매혹적인 한 폭의 그림이다. 그러나 숲 안으로 막상 들어가 보면 위험한 비탈길도 있고 무서운 들짐승도 있으며 낭떠러지도 있고 협곡도 있다. 도심의 빌딩 숲도 멀리서 보면 화려하기 그지없지만 가까이 들여다보면 빌딩의 그림자만큼 우울하고 어두운 이면이 많다. 인생도 그렇다. 어른이 무조건 좋아 보이는 건 어린 시절에 품은 철없는 생각일 뿐이다. 어른은 피곤하다.

어른은 자신의 삶을 책임져야 하기 때문이다. 어른이 된다는 것은 자신의 인생을 다른 누구에게 기대지 않고 스스로 헤쳐나가야 한다는 의미다. 책임감이란 인생을 끌고 가는 핵심적인 축이어서 자신의 역할에 대한 책임감이 결여되면 인생 자체가 흔들린다.

어른이 되면 자신의 인생, 일, 가족, 미래, 행복 등을 자신의 힘으로 해결하겠다는 강력한 의지가 필요하다. 나는 힘든 일이 벌어질 때마다 이렇게 다짐한다.

"힘든 일이 생겼구나. 그래도 내 힘으로 해결해나갈 수 있어! 난 내 인생의 유일한 책임자니까."

책임감 있는 자세를 갖출 때 모든 일들이 수월하게 풀리게 되어 있다. 무슨 일이 생겼을 때 자신에게 해가 될 것 같으면 뒷구멍으로 숨을 생각부터 하는 비겁한 사람들은 성숙한 어른이 아니다. 지금부터 자신에게 일어나는 모든 일들을 책임지려고 노력하라. 어른은 단순히 나이를 먹어서만 되는 것이 아니다. 성숙한 어른은 자신의 인생을 기꺼이 책임지며 주변에도 역시 책임감을 느끼고 행동하는 사람이다.

20

지금 포기하기엔
그대의 삶이 눈부시게 아름답다

우리 동네에는 군수 관사가 있다. 그 집은 다른 집보다 훨씬 크고 화려하다. 조각처럼 다듬어진 정원수는 특히 인상적이다. 처음 이사 올 때 그 집을 보고 '어떤 사람이 사는 곳일까?' 궁금했다. 얼마 후에야 그 집이 군수 관사인 것을 알게 되었다. 그곳에는 흰색 털을 가진 개 두 마리가 산다. 대문 앞을 지나가도 개 두 마리는 잘 보이지 않는다. 대문에서 조금 떨어진 곳에 묶어둔 모양이었다. 그런데 동네 사람들은 관사의 개를 모르는 사람이 없다. 그 개들의 열정 때문이다. 군수 관사의 두 마리 개는 누군가 지나가면 컹컹 우렁차게 짖는다. 그런데 남다른 것은 2m가 넘을 것 같은 담장 위로 점프를 해서 우리를 놀라게 한다. 나도 처음에 담장 위로 뛰어오른 개를 보고 화들짝 놀랐었던 경험이 있다.

"와, 대단하다. 대단해. 저 개들은 높이뛰기 선수를 해도 되겠어!"

앞서 가던 학생들이 그렇게 말하면서 웃었다. 그럴 정도로 개 두 마리는 열심히 자신의 일을 하는 것이었다. 그들에게 자기 일이란 무엇일까. 바로 주인의 집을 철통 방어하는 것일 게다. 나는 기운이 없을 때 개 두 마리를 떠올리곤 한다. '녀석들, 참 열심히도 뛰어오르던걸.' 이런 생각을 하면 웃음이 절로 나온다. 우리는 인간으로서 얼마나 자신의 인생에 충실할까.

사회 양극화가 심각한 우리 사회에서는 국민 행복지수가 낮다. 자살률이 높은 것은 여러 가지 요인이 있을 수 있으나 어려움에 부닥친 이들에 대한 사회 안전망이 그만큼 저조하다는 의미이다. 자살을 시도하는 사람들의 심정을 우리가 다 이해하고 공감하기는 힘들다. 그들도 사랑하는 남편, 아내, 자식, 부모, 형제자매, 친구들, 그리고 자신의 꿈, 이런 모든 것들을 다 버리고 삶에 대한 미련으로 고통스러워하다가 죽음을 시도한다.

죽고 싶더라도 참아야 하는 이유는 죽는다고 해결되는 것은 없다. 가족 중에 자살한 사람이 있을 때 남은 가족들에게도 그런 현상이 벌어질 확률이 높다고 한다. 물론 친구나 동료 간에도 마찬가지다. 내가 죽어서 끝나는 것이 아니다. 나의 죽음으로 더 고통을 받는 사람들이 생긴다는 것을 잊지 말자. 그러므로 우리는 자신의 삶을 포기해서는 안 된다.

　모든 것을 지금 포기하려고 하는가. 많은 것을 놓아버리기엔 그대의 삶이 눈부시게 아름답다. 관사의 개들도 담장 위로 뛰어오르면서 자신의 역할에 충실하게 열심히 살고 있다. 우리는 이성적인 사고를 할 수 있는 인간이다. 그대의 삶은 신의 선물이다. 미완의 것을 완성해나가는 시간이 우리의 인생이다. 조금 괴롭더라도, 슬프더라도 포기하지 말고 버텨내라. 좋은 날은 꼭 올 것이다. 긴 어둠 뒤에 밝은 태양이 떠오르는 아침이 오듯이.

Chapter 2

울고 싶어도
내 인생이니까

아이의 분유값이 없어서 마트에서 분유를 훔쳐오던
30대 주부가 절도 혐의로 불구속 입건되었다는 뉴스.
생계가 곤란한 나머지 가족이 동반 자살했다는 뉴스.
생활고로 인해 부부싸움 끝에 아파트 15층에서 투신했다는 뉴스.
이런 뉴스들이 자주 보도되는 것은 경제적 취약층들이 상당히 많고
우리가 알고 있는 것보다 그들의 고통이 심하다는 방증이다.
돈 때문에 절도를 하고 자살을 하고 피 튀겨 가면서 싸운다.

21
경제적 어려움의 고통

아이의 분유값이 없어서 마트에서 분유를 훔쳐오던 30대 주부가 절도 혐의로 불구속 입건되었다는 뉴스, 생계가 곤란한 나머지 가족이 동반 자살했다는 뉴스, 생활고로 인해 부부싸움 끝에 아파트 15층에서 투신했다는 뉴스 이런 뉴스들이 자주 보도되는 것은 경제적 취약층들이 상당히 많고 우리가 알고 있는 것보다 그들의 고통이 심각하다는 방증이다. 돈 때문에 절도를 하고 자살을 하고 피 튀겨 가면서 싸운다.

돈이 현대 자본주의 사회에서는 모든 것과 교환할 수 있는 막강한 위력을 지녔다. 돈에 의해서 권력과 명예가 좌지우지되는 세상이다. 이 시대는 돈이면 다 되는 세상이라는 생각이 팽배하다. 돈이 없는 사람은 매우 불평등한 대우를 받는 경우가 많다. 그것을 확인하고 싶다면 집에 있는 옷 중에서 가장 허름한 옷을 입고 최고급 호텔로 가보라. 밑창이 닳아서 너덜너덜한 낡은 신발과 수십 년도 더 된 구식 옷을 입고 호텔 입구에 가면 경비원이 제지할 가능성이 크다.

"이봐, 그런 거지 같은 신발과 낡은 옷을 입고 어딜 감히 들어오려고 그러는 거야?"

이렇게 노골적으로 말하지는 않더라도 호텔 이미지에 해가 될 것을 우려해 입장이 불가할 것이다. 이것은 호텔에만 국한된 상황은 아닐 게다. 그런 초라한 모습으로 식당을 들어가거나 공공장소를 돌아다니면 따가운 눈총은 물론 인간다운 대접을 받기도 어려울 것이다. 왜 그런 몰골을 한 사람을 무시하는 것일까? 사람을 평가하는 기준이 인격과 품성이 아닌 그 사람이 가진 물질이 기준이 되는 사회이기 때문이다. 우리 사회에 이러한 왜곡된 모습이 지나쳐 자신의 능력과 무관하게 명품이나 고가의 물건에 집중하기도 한다.

돈 때문에 서러워서 죽고 싶은가. 남들은 쉽게 버는 것 같은데 나는 왜 이렇게 어려운지 세상이 원망스럽지 않은가.

자본주의 사회에서는 돈이 많은 것을 좌우한다. 그러나 전적으로 돈이 인간을 지배할 수는 없다. 돈의 노예가 되는 지름길은 돈이 인생의 전부라고 치부하는 것이다. 돈 때문에 힘들고 서러울 수 있고 있는 상대적

빈곤감을 느낄 때 더욱 심해진다. 나와 관계된 주변 사람들이 나보다 좋은 옷, 좋은 차, 넓은 집을 가졌을 때 우리는 마음이 불편하다. 돈을 무시할 수 없는 시대에 살고 있는 우리지만 물질적 풍요에 지나치게 집착하는 생각들을 조금만 바꾸면 삶이 여유로울 수 있다. 자신이 갖고 있는 것에 만족할 줄 아는 소박한 삶이 행복이라 생각하자.

22
청년 실업의 비애

청년들이 명절 때 듣는 말 중에 가장 듣기 싫은 말 1위가 바로 이 말이라고 한다.

"너, 아직도 노니?"

취업을 하지 못한 청년 실업자의 수가 30만 명이 넘고 사실상 전 국민의 실업자 수는 400만 명에 육박한다고 한다. 또한 여성들의 사회참여가 늘어남에 따라서 취업이 되지 않아서 고통받는 여성들의 숫자도 적지 않다. 4년이라는 시간 동안 1억 가까운 돈을 들여 졸업해서도 취직이 안 되는 세상. 세상을 향해 분노를 터뜨리는 사람이 어디 한두 명이겠는가. 요즘은 부모가 자녀를 먹여 살리는 것이 일반화되었다고들 한다. 서른이 넘고 마흔이 넘어서도 부모 밑에서 기거하는 자녀를 일컬어서 캥

거루족이라고 부르기도 한다.

　언뜻 들으면 일하지 않고 사는 게으름뱅이라고 생각되는 것이 실업자라는 말이다. 게다가 캥거루족이라는 신조어까지 등장해서 가뜩이나 취업을 못 해 고민인 사람들에게 비수를 꽂는다. 그런데 실상은 취업을 하고 싶어도 마땅한 일자리가 없는 것이 현실이다. 그런 이들에게 혹자는 눈높이를 낮춰서 취직하라고 하지만 나는 그러한 주장에 동의하지 않는다. 대부분 자신이 무엇을 원하는지도 모른 채 직장에 취업한 후 적응하지 못하고 괴로워하다 짧은 시간에 퇴사를 하게 된다. 우린 지금까지 급격한 산업화 물결에 휩쓸려 경제성장만을 최고의 지상목표로 앞만 보고 달려왔다. 이런 산업화 시대에는 자신이 정말로 좋아하는 일이 무엇인지도 모르고 살았고 혹여 알았다 하더라도 현실이라는 벽에 부딪혀 자신이 원하는 길을 갈 수는 없는 경우가 많았다.

　공장에서 일하는 것이 눈높이를 낮추는 것이 절대 아니다. 공장이나 기타 열악한 환경에서 일하는 노동자에게 그런 말은 씁쓸한 말이 될 것이다. 그들도 자신의 직업에 자부심을 가지고 일하기 때문이다. 왜 자신의 눈높이를 낮춰서 적성에 맞지도 않은 일을 해야 하는가.

　그대가 만일 취업준비생인데 전혀 적성에 맞지 않지만, 생계유지를 위해 어쩔 수 없이 취업을 한다고 하면 반대하고 싶다. 자신이 하고 싶은 일을 하면서 살아야 행복하다. 다른 사람들 시선 때문에 대충 취직하면 후회하기 쉽다. 꼭 하고 싶고 해야만 하는 일에 자신의 일생을 걸기를 바란다.

취업을 위해 지금도 인터십이다, 공인 어학 점수 획득이다, 고군분투하는 젊은이들에게 격려의 박수를 보내고 싶다. 더 좋은 일자리를 갖기 위해 잠시 웅크리고 있는 예비 성공인이라 자신을 다독이길 바란다. 기성세대의 눈총에도 자신의 꿈을 포기하지 말자. 친척들이 "넌 언제 돈 벌어서 자립할래?" 이렇게 말해도 움츠러들지 말고 당당하게 이렇게 말해라. "곧 그런 날이 올 겁니다. 걱정하지 마세요!"

백수와 예비성공인은 다르다. 백수는 꿈도 희망도 없이 하루를 무의미하게 보내는 사람이고 예비성공인은 비록 현재 취업은 되지 않았지만 꿈을 가지고 희망찬 미래를 설계해 나가는 사람이다. 취업이 되지 않아서 죽고 싶다면 자신을 예비 성공인이 되게 하라. 그대처럼 훌륭한 인재를 못 알아본 사람들을 동정하라. 자신이 얼마나 대단한 사람인지 믿지 않는다면 성공할 수 없다. 직장을 구하는 것도 자신감이 원천이다. 매사에 자신감 있게 행동하자. 자신을 존중하는 사람은 다른 사람도 함부로 대하지 못한다. 머지않은 미래에 자신이 바라는 곳에 취업할 것이라는 확신을 가지고 꾸준히 노력하면 반드시 그 꿈을 이룰 수 있을 것이다.

23
나쁜 일만 생겨서 괴롭다

불행은 연이어서 오기 쉽다. 혼자 아이를 키우면서 회사에 다니던 한 사람이 계단을 오르다 재수 없게 넘어졌다. 그 바람에 팔이 부러졌고, 회사를 한 달 정도 쉬게 되었다. 회사에 나가지 못하고 병원에 있는 동안 혼자 집에 있던 아이가 라면을 끓여 먹다 가스폭발로 다쳤다. 이렇게 작은 불행이 연이은 불행의 시초가 되는 경우는 흔하다.

나쁜 일은 도미노처럼 다른 나쁜 일을 불러일으키곤 한다. 그래서 죽고 싶은 생각을 하는 경우가 있다. 삶이란 이런 나쁜 일들을 겪을 때 어떻게 마음자세를 갖느냐에 따라 행복해질 수도 있고 불행해질 수도 있다. 우리는 누구나 행복하게 살고 싶어 한다. 그래서 나쁜 일이 일어나지 않기를 바란다. 그러나 그것은 거의 불가능한 소망이다. 나쁜 일은 살아가면서 언제 어느 때든지 우리에게 생긴다. 나쁜 일은 늘 피해 가고 항상 행운만 따르는 인생은 없다.

그렇다면 어떻게 살아야 할까. 자신에게 나쁜 일만 일어나서 살기 싫다고 생각한다면 이제 생각을 바꿔야 할 시점이다. 나쁜 일을 감사한 일이라고 여기는 것이다. 그렇게 살아야 상처를 받지 않고 자신을 지킬 수 있다.

위에서 말한 팔이 부러진 사람은 자신에게 벌어진 나쁜 일들을 한편으로 감사한 일이라고 생각할 수는 없을까. 한마디로 말하자면 생각을 정반대로 하는 것이다. 팔이 부러진 사실을 나쁜 일이라고 여기지 말고 머리를 안 다쳤으니 오히려 다행한 일이라고 여기고, 아이가 가스폭발로 다쳤지만, 장애를 입지 않았으니 감사한 일이라고 여겨야 한다. 하지만 막상 나쁜 일을 당하게 되면 이렇게 생각하기란 매우 어려운 일이다.

어쩔 수 없이 일어나는 불행한 일들을 자신에게 유리하게 생각하면 마음의 위안도 되고 슬픔에서 벗어날 힘도 생긴다. 내게도 나쁜 일이라고 보면 한없이 나쁜 일들이 일어났다. 살다 보면 그런 일이 한둘이겠는가. 그렇지만 나쁜 일에 대한 생각이 바뀌자 더 이상 그 일로 괴롭지 않았다. 그것은 삶의 작은 기적이었다.

"내 인생에는 더 이상 나쁜 일이란 없다."라는 기적을 만들자. 지금부터 나쁜 일에 대한 대응자세를 바꾸자.

나쁜 일만 생겨서 죽고 싶은가. 예를 들어서 어젯밤에 강도를 만나서 돈을 뺏기고 몸도 다쳤다면 일반적 관점에서는 나쁜 일이다. 그러나 어찌 보면 강도에게 치명상을 입지 않고 살아난 것이 얼마나 다행인가. 돈은 벌면 되고 다친 몸은 치료하면 나을 수 있으니 죽고 싶단 생각은 할 필요가 없다. 오히려 천운으로 위기를 모면했다고 생각하자. 자신에게는 수호신이 있다고 생각하는 것이다. 그러면 자신은 행운이 있는 사람이 되고 불행한 사람이 아니다. 나쁜 일도 이만하면 다행이라는 감사한 마음으로 산다면 그 사람에게는 감사한 마음이 나쁜 일이 지니고 있는 부정적 에너지를 제거하기 때문이다.

24
적응의 문제

학기 초가 되면 학생들의 고민이 깊어진다. 바로 새로운 학년에 올라가 새로운 친구들과 선생님에게 적응하는 문제이다.

"고 3이 되어서 내가 잘 적응해 나갈 수 있을까?"

많은 학생들이 새 학년에 올라가서 이런 고민을 한다. 적응을 잘하는 학생은 좋은 교우관계를 형성하고 공부도 잘해나갈 수 있다. 하지만 그렇지 못한 학생은 학교에서의 생활이 행복하지 않다. 학교를 중도에 포기하고 싶어질 정도로 부적응의 문제는 심각하다. 인류는 환경에 잘 적응하면서 발전을 거듭했다. 그러나 다양한 모습과 빠른 속도로 변화하는 시대에 일일이 발맞춰가며 적응하는 것이 쉽지는 않다.

"어휴, 걱정이다. 결혼생활에 잘 적응해야 할 텐데. 한 가정을 책임지고 살아가야 하는 데 내가 잘 적응할지 모르겠다."

결혼한 새신랑과 새신부도 이렇게 결혼이라는 대사를 앞두고 잘 적응할지를 걱정한다. 혼자서 자유롭게 지내던 시절과 달리 여러 가지 제약과 책임이 따르는 결혼은 시댁과 처가라는 새로운 환경에도 적응해야 한다. 정신분석학에서는 적응을 적절하고 유일하게 환경에 대처할 수 있는 힘이라고 하면서, 외부 세계의 현실에 적당히 맞추는 행동과 환경을 바꾸거나 더 적절하게 통제하기 위한 활동을 포함한다고 말한다.

그러면 적응을 잘하기 위해서는 어떤 지혜가 필요할까? 그것은 자신이 속한 환경이나 현실에 자신을 최대한 맞추는 것이다. 가로수의 사계를 보면 봄에는 연둣빛 새싹을 틔워내고 여름에는 그 잎들을 더욱 짙어지며 꽃도 피운다. 가을에는 열매를 맺고 겨울이 오면 잎들을 다 떨어뜨리고 추운 날씨와 짧은 일조량에 견딜 준비를 한다. 가로수는 매연이 심하고 아무리 소음이 커도 환경을 탓하지 않고 자신을 주어진 환경에 맞춘다. 사람도 이처럼 어떤 조직이나 사회에서 적응력을 높이려면 그곳에서 원하는 만큼 적절하게 맞춰줄 필요가 있다.

적응을 잘하고 싶다면 자신이 속한 집단이나 사회에 더 적극적으로 참여하는 용기가 필요하다. 새로운 학년에 올라가면 좋은 교우관계를 위해 노력한다. 이를 위해서는 상대방의 마음을 잘 읽고 배려하면서 지나치게 간섭하지 않는 것이 바람직하다. 서로의 차이를 인정하는 것이 좋다. 결혼생활에 적응을 잘하기 위해서는 배우자가 어떤 생각을 하고 있는지 이해하고 원하는 것이 무엇인지 알려는 자세가 꼭 필요하다. 자신이 왜 결혼을 했는지에 대한 이해도 역시 필요하다.

회사에 적응하려면 회사라는 곳이 어떤 곳인지 다시 한 번 생각하는 시간을 가지는 것이 좋다. 회사는 이익을 창출하기 위해 존재하는 곳이기도 하고 앞으로 자신의 경제력을 높여주는 곳이다. 직장에서의 부적응의 원인이 업무에서 비롯된 것인지 인간관계 때문인지를 알아야 한다. 미숙한 업무 처리 때문에도 적응이 어려울 수 있으니 업무에 대한 지식을 최대한 빨리 습득하는 것이 좋다. 업무가 정말 자신에게 맞지 않는다면 진로에 대해 다시 한 번 생각해봐야 할 것이며 인간관계에 의한 것이면 상대방과 자신에게 어떤 문제가 있는지 고민해 보아야 한다. 자신의 입장만 생각하면 온통 불만투성이가 된다. 그러나 회사의 입장을 이해하고 상사의 입장을 이해하면 불만이 반으로 줄어들 수 있다. 적응에 대한 문제가 발생되지 않도록 자신이 속한 환경에 대한 이해력을 키우고, 불평·불만을 토로하기보다 자신의 주어진 상황에서 맞출 것은 맞추는 것이 삶을 현명하게 살아가는 지혜다.

25
아이디어가 안 떠올라 괴롭다

현대 사회에서 아이디어는 생존과 직결된다. 발명가가 아이디어가 없다면 발명 그 자체를 할 수 없는 것은 따로 설명할 필요가 없다. 나처럼 글을 쓰는 사람이 아이디어가 고갈된다면 글쓰기를 포기해야 한다. 그림을 그리는 화가 역시 아이디어가 작품을 탄생시키는 원천이다. 창의적 아이디어는 기업에서도 핵심이다. 아이디어 하나를 만들어내기 위해 수백억 원을 투자하기도 한다. 어떤 사람들은 자신이 다니던 회사의 고급 아이디어를 다른 기업에 팔아서 쇠고랑을 차기도 한다.

평범한 사람의 입장에서도 아이디어는 생존의 필수조건이다. 과일 한 개를 팔아도 아이디어가 반짝이는 사람은 더 많은 손님들에게 어필한다. 그래서 더 높은 수익을 올릴 수 있다. 모든 면에서 아이디어가 큰 도움이 된다는 것을 우리는 부인할 수가 없다.

글을 쓸 아이디어가 떠오르지 않으면 가슴이 답답하다. 그래서 미칠 것 같기도 하다. 나는 글감이 떠오르지 않아서 답답할 때는 잠시 모든 걸 내려놓는다. 글을 억지로 쓰려고 하지 않는다. 자신이 원하는 아이디어가 떠오르지 않아서 힘들다면 잠시 머리를 쉬게 해야 한다. 인간의 뇌란 적절한 휴식을 주어야만 활발하게 움직일 수 있다.

공부도 억지로 한다고 해서 잘하는 것이 아니듯이 아이디어도 억지로 쥐어짜 내려고 한다고 해서 나오지 않는다. 어떤 기발한 아이디어를 바라고 자신의 뇌를 혹사한 경험이 있는가. 나는 예전에 그런 무모한 짓을 저질렀다. 그러나 머리만 아플 뿐이었다.

아이디어를 떠올리려면 뇌에게 잠시 휴식을 주어야 한다. 즉, 자신이 원하는 아이디어에 대한 생각을 멈추는 것이다. 자신을 다그치지 않고 자연스럽게 떠오른 아이디어가 진짜 아이디어다. 어떤 사람은 밥을 먹다가 기발한 아이디어를 떠올리기도 한다. 그는 억지로 아이디어를 떠올리려고 하지 않았을 것이다. 그런데 자신의 머릿속에 저장된 많은 창의적 사고들이 새로운 아이디어를 떠오르게 한 것이다.

난 글을 쓸 때 곧바로 쓰기도 하지만 하루 정도 머릿속에 소제목을 입력해놓고 기다리는 방법을 자주 애용한다. 이 방법은 다음날 쓸 소제목을 한 번 읽은 후에 평범한 일상을 보내는 것이다. 그것에 대해서 애써서 생각할 필요는 없다. 그저 한 번씩 생각나면 미소를 지으면서 그것을 음미하면 된다. 그렇게 한 후에 글을 쓰면 굉장히 잘 써진다.

"음, 곧 좋은 아이디어가 떠오를 거야. 난 나의 능력을 믿으니까."

이렇게 아이디어가 안 떠올라 힘들어하는 자신에게 격려의 손뼉을 치자. 우리의 머릿속에는 무궁무진한 능력이 숨겨져 있다. 사람은 죽기 전까지 자신의 능력을 다 발휘하지 못한다. 그러니 자신의 능력에 한계선을 긋지 마라. 보석 같은 아이디어는 자신의 능력을 믿고 마음을 편안하게 가질 때 비로소 생겨난다.

26
따돌림당해서 외롭다

　집단 따돌림은 어느 시대나 사회에서 약간씩은 존재해왔다. 우리나라에서 이 문제가 본격적으로 이슈화된 것은 1990년대 중반부터라고 한다. 특히 청소년들 사이의 집단 따돌림 현상은 큰 문제가 되고 있고 피해자의 자살이라는 최악의 경우도 자주 발생하고 있다. 이런 집단 따돌림은 학교에서만 벌어지는 현상이 아니라 직장, 군대에서도 나타난다. 최근 군대 내의 따돌림 문제로 많은 젊은이들이 목숨을 잃고 부상을 당하기도 했다. 한 조사에 의하면 직장인의 45%가 재직 중인 직장에 집단 따돌림 문제가 있다고 답했다고 한다. 직장인들이 꼽은 집단 따돌림의 이유는 눈치 없고 답답한 성격, 조직에 어울리려고 노력하지 않아서, 업무 능력이 떨어져서 등이라는 조사 결과가 나왔다.
　따돌림은 한 인간의 사회적 영역을 강제로 격리하는 것이고 인격을 깡그리 짓밟는 행위다. 같은 그룹에 속하지만, 그 구성원들로부터 소외당한다는 것은 자칫 삶의 이유를 빼앗는 것과 같다. 자신이 따돌림당한다고 느낄 때 사람은 평생 느낄 모욕감과 수치심을 다 느낄 수 있을 정도다. 심한 경우에는 질병까지 얻게 된다.

  친구들이, 동료들이, 가족들이 자신만 따돌린다고 생각이 드는가. 자신이 집단 따돌림의 피해자라고 생각되면 그것을 극복하기 위해 스스로 여러 가지 노력을 해보자. 첫째, 따돌림의 원인이 무엇인지 찾아보자. 자신의 행동이나 말투, 옷차림 등의 문제는 없는지를 알아야 한다. 둘째로 원인을 잘 모를 경우 가해자들에게 적극적으로 이유를 물어보자. 셋째, 자신의 약점이나 단점을 보완하는 것이다. 눈에 띄는 단점들을 고쳐나가고 나아가 자신만의 특기를 개발하여 자신감 넘치는 생활을 하자. 마지막으로 아무리 따돌림의 상처가 깊다 해도 자포자기하고 자신을 던지지는 말자.

  친구들이 자신과 놀아주지 않는다고 속상해하지 말자. 놀기 싫은 사람을 억지로 붙잡고 함께 시간을 보내서 무엇하겠는가. 그럴 시간에 차라리 자신이 좋아하는 것을 하라. 동료들이 자신만 쏙 빼놓고 만찬을 즐기러 간다고 해서 섭섭해 하지 말자. 그들에게도 그럴만한 사정이 있을 것이다. 끼리끼리 어울린다는 말이 괜히 있는 것이 아니다. 그들의 행위를 따돌림이라는 부정적 관점이 아니라 자신들만의 취향에 맞는 것을 선택하는 합리적인 행위라고 생각하자. 그렇게 생각할 때 따돌림의 피해자가 아닌 취향이 다른 서로가 된다. 그러면 가해자도 피해자도 없는 관계가 될 것이다.

가벼운 따돌림은 묵인할 줄 아는 넓은 마음을 지녀라. 민감하게 반응하지 않고 오히려 웃어주거나 상냥하게 대해주자. 그러면 오히려 그대를 따돌림 하려던 상대방을 변화시킬 것이다.

남들이 자신과 어울려주지 않는다고 속상해하지 말고 자신의 모습 그대로 빛나라. 사람은 서로 기대어서 살아가는 존재다. 누가 누구보다 더 잘났다고 할 것도 없고 못났다고 할 것도 없다.

따돌림을 시도하는 사람은 정신적 기저에 권위의식과 질투심이 작용한다. 자신의 낮은 자존감과 자신감 부족에서 오는 상반된 행동이다. 모든 사람은 평등하고 존중받아야만 한다는 생각을 지니고 사는 사람은 따돌림을 하지 않는다. 그러므로 만일 그대가 따돌림당해서 마음이 아프다면 따돌림을 하는 상대방에게 더 너그럽게 대하라. 그들은 인간에 대한 사랑이 매우 부족한 사람들이고 또 사랑이 매우 필요한 사람들이다.

27
억울하게 누명을 써서 괴롭다

절도범이라는 누명을 쓴 40대 주부가 자신의 결백을 밝히기 위해 죽음을 선택했다. 그녀는 죽음으로 자신의 결백을 증명하고 싶었을 것이다. 그러나 그녀가 죽음으로써 과연 진실이 밝혀지게 되었을까. 전혀 그렇게 되지 않았다. 그녀를 누명 씌웠던 사람은 그녀의 죽음을 오히려 기뻐했다. 왜냐하면 그 사람이 원한 건 그녀의 몰락이었기 때문이다.

그녀가 죽지 않고 자신의 억울함을 밝히기 위해 노력했더라면 어땠을까. 그랬다면 누명이 벗겨질 수 있었을 것이다. 정말 안타까운 일이다. 우리는 여러 가지 억울한 일을 겪기도 하면서 살아간다. 그 억울함의 대표적인 예가 바로 누명을 쓰게 되는 경우가 아닐까 싶다.

사람을 죽였다는 누명을 쓴 살인범, 그는 사실 살인범이 아니지만,

대중들은 그를 살인범이라고 인식한다. 어떤 사람은 누명이 기정사실로 되어서 평생을 감옥에서 살기도 한다. 결국 그가 감옥에서 자연사한 후에 그가 살인범이 아닌 것이 밝혀졌지만 이미 늦어버렸다. 살인범뿐만 아니라 누명은 갖가지 형태로 만들어진다. 그래서 멀쩡한 사람을 범죄자로 만들어버린다.

어느 공장에서 일하던 김양은 사장을 성추행으로 고소했다. 그녀의 주장에 따르면 사장은 야간근무 중에 은밀히 그녀를 불러내어서 민감한 부위를 더듬곤 했다는 것이다. 직원들은 물론 그 회사와 거래하던 사람들 모두 그 말을 믿고 사장을 성 추행범으로 낙인찍었다. 그의 부인도 그 사실을 진실로 믿고 이혼을 요구했다. 그러나 사실 사장은 그런 사실이 전혀 없는 선량한 사람이었다. 그는 김양으로부터 억울하게 누명을 쓰게 된 것이다. 이렇게 억울하게 누명을 쓰는 경우는 너무나 많다. 그런 경우를 당하게 되면 허둥대기 쉽다.

"도대체 내가 왜 이런 말도 안 되는 상황에 내몰리게 되는 거지?"

"난 그런 짓을 한 적이 없는데 왜 날 그런 사람 취급하는 걸까?"

그러나 이런 탄식은 사건을 해결하는데 아무런 도움이 되질 않는다. 누명을 쓰게 되면 넋두리를 하면서 신세 한탄을 하는 것은 금물이다. 그 대신 마음의 동요를 가라앉히고 자신을 누명 씌운 사람의 저의를 해석하는 데 정신을 집중해야 한다. 그는 왜 나에게 이런 말도 되지 않는 누명을 씌우고 있는 걸까,에 대한 해답을 구하라. 그것이 사건 해결의 실마리다. 상대방의 심리를 파악하는 사람이 누명과의 전쟁에서 이기는 승리자다.

누명을 쓰고서 죽는다는 건 자신이 죄인이라는 것을 인정하는 격이 될 것이다. 아무리 억울해도 죽음으로써 결백을 증명하려고 해서는 안 된다. 그런 억울하고 통탄할 일이 벌어지거든 누명을 씌운 상대방에 대해 생각해라. 그리고 그것에 맞게 대응해라.

예를 들어 누군가가 그대에게 볼펜을 훔쳐 갔다는 누명을 씌웠다고 해보자. 그에 대해서 생각한 결과 그는 열등생으로 공부를 못하는 것을 늘 콤플렉스로 여겨온 사람이다. 그가 누명을 씌운 이유는 자신보다 공부를 더 잘하는 사람에 대한 일종의 복수였다. 그럼 그 누명은 무엇을 의미하는가. 볼펜이라는 도구로 자신보다 한 단계 위에 있다고 생각하는 상대방을 끌어내리고 싶은 비열한 마음이다. 그러므로 그런 누명에 대해서는 대범하게 대응해야 한다. 볼펜을 훔쳐 가지 않았다고 침을 튀겨가면서 열변을 토할 필요가 없다. 그건 상대방이 알아서 거짓말을 할 것이기 때문이다. 그냥 자기 일을 하면 된다.

누명을 푸는 방법은 자신이 그 일과는 무관한 사람임을 실생활에서 보여주면 된다. 그 방법은 늘 하던 대로 자신의 방식대로 사는 것이다. 나는 그것을 삶의 일관성이라고 말하고 싶다. 어떤 누명을 씌워도 삶에 일관성이 있기 때문에 흔들리지 않는다. 오히려 누명을 씌우고서 희열에 빠진 상대방의 어리석음을 가엾게 여겨라. 억울하다고 괴로워하지 말고 대신 자신이 추구하는 삶을 살아감으로써 진실을 밝히는 것을 택하라.

28

투병 생활의 애환

최근 새로운 에이즈 치료법이 등장해 큰 화제를 모으고 있다. 영국의 BBC 방송에 따르면 미국에서 에이즈에 걸려 태어난 여자아이가 약물 치료를 받은 후에 완치되었다는 것이다. 이는 세계에서 두 번째로 에이즈가 완치된 사례로 에이즈 치료의 획기적인 사건임이 틀림없다. 그동안 에이즈에 걸려 죽음의 공포에 떨어야 했던 환자들에게는 희망의 신호탄이 될 것이다.

그러나 이런 긍정적인 예에도 불구하고 이 세상에는 현대의학으로도 완치할 수 없는 난치병들이 많다. 난치병은 원인이 불분명해 치료법이 확립되지 않는 병을 말하며 환자 본인은 물론 가족에게도 커다란 부담을 주는 병이다. 이런 난치병이 얼마나 삶을 힘들게 하는지 잘 안다.

특히 희귀성 난치병은 삶의 의욕마저 상실하게 한다.

나의 지인 한 분이 난치병 중에서도 독하다고 소문난 크론병 환자다. 나도 처음에는 그 병이 무슨 병인지 몰랐다. 나중에 알아보니 크론병은 입에서 항문까지 소화관 전체에 걸쳐 어느 부위에서든지 발생할 수 있는 만성 염증성 장질환이라고 한다. 항상 배가 아픈 병. 복통과 설사가 멈추지 않는 그는 전혀 환자 같아 보이지 않았다. 24시간 허리를 펴기도 힘든 지독한 통증에도 불구하고 그는 항상 웃고 있었다. 그의 직업은 사람들에게 즐거움과 웃음을 주는 레크리에이션 강사다. 크론병 환자가 다른 사람들의 삶에 용기와 희망을 고취하는 강사라는 것이 의외지만 그는 인기 강사로 지금도 각종 사회단체와 기업에 출강하고 있다. 그가 멈추지 않는 열정을 불사를 수 있는 이유는 무엇일까. 모든 난치병 환자들에게 그는 이렇게 말한다.

"자신이 아프다고 생각하면 더 힘들 것입니다. 자신이 환자라는 생각을 버리세요. 우리는 환자가 아닙니다. 그저 같은 삶을 사는 동지들이죠. 누구나 난치병 환자랍니다. 저는 늘 그런 생각을 가지고 삽니다. '나는 크론병 환자가 아니라 크론병이라는 것을 이기는 법을 배우고 있는 사람이다.'라는 생각을 합니다. 그러면 이 병을 극복하는 법을 배워서 나보다 더 아픈 사람들에게 그 비법을 전수해주는 사람이 될 수 있으니까요."

그렇다. 우리는 누구나 난치병에 걸릴 수 있는 사람들이다. 감기에 걸렸어도 난치병에 걸린 것이고 암에 걸렸어도 난치병에 걸린 것이니까 말이다. 아픔을 이기는 법을 배워서 더 아픈 이들을 도울 수 있다는 것은 우리가 할 수 있는 또 다른 기적이다.

내 삶이 누군가에게 용기가 되어줄 수 있고 희망의 단초가 될 수도 있다는 것을 기억하자. 내가 병을 이겨가는 과정이 수많은 이들에게 용기를 줄 수 있다는 사실을 기억하자. 치료하기 힘든 병이 있어도 스스로 치료할 수 있다고 믿으며 병을 극복하기 위해 희망을 잃지 말아야 한다. 난치병을 앓고 있어도 새로운 삶을 사는 사람들이 주변에 많다. 사형선고나 다름없는 3개월 시한부 선고를 받고도 10년 넘게 건강하게 생활하고 있는 폐암 환자가 있다. 그는 항상 긍정적으로 생활해서 주변 사람들마저 기분 좋게 만든다. 그의 폐에는 아직도 암 덩이가 있다. 하지만 처음 발병할 때보다 절반 가까이 크기가 줄어들었다. 그는 인터뷰에서 활짝 웃으면서 말한다.

"종양이 줄었어요! 앞으로도 웃으면서 살려고 합니다. 전 제 병에게 오히려 감사합니다. 삶이 얼마나 소중한 것인지 깨닫게 해주었으니까요. 저처럼 아픈 폐암 환자들에게 희망의 불씨를 되살려주는 역할을 하겠습니다."

29
이사 갈 집을 못 구해서 불안하다

전세대란이 몇 년째 계속 이어지고 있다. 수도권의 전셋집은 지방에 있는 아파트를 사고도 남을 정도의 가격이다. 이런 비싼 전셋값에도 불구하고 전셋집을 얻으려고 돈을 싸 들고 다녀도 쉽게 얻을 수가 없는 지경이다. 어떤 전셋집은 집값과 거의 같다고도 한다. 이사 갈 집을 못 구해서 발을 동동 구르고 있는 사람들이 한두 명이 아니다. 턱없이 오른 전세비용을 구하느라 빚을 지기도 하고 몇 년 동안 모아오던 적금을 깨기도 한다. 그래도 부족하다.

집이란 가장 편안한 휴식공간이다. 아무리 보잘것없는 집도 내 집이 편안하고 좋은 법이다. 그런 집을 구해야 하는데 당장 구하지 못하게 되면 애가 탈 수밖에 없다. 더군다나 내 집이 없는 전세나 월세로 사는 세

입자들은 이사 갈 집을 마련하지 못한다는 것은 곧 길거리로 나앉아야 한다는 의미다. 집을 구하지 못하면 당연히 속상하고 죽을 것같이 힘들 것이다. 그럼 어떻게 해야 좋은 집을 구해서 하루라도 빨리 이사 갈 수 있을지 생각해보자.

현대는 정보화시대. 정보가 있느냐 없느냐에 따라서 부자가 되기도 하고 평생 가난하게 살기도 한다. 집을 구하는 것도 정보와의 싸움이다. 누가 더 빨리 집에 대한 정보를 얻느냐에 따라서 싼 가격에 좋은 집을 구할 수 있다. 그렇다면 이런 집에 대한 정보를 가장 손쉽게 얻을 방법은 무엇일까. 애석하게도 이 세상에 가치 있는 것을 구하는 손쉬운 방법이란 없다. 돈이 되는 정보는 그것을 원하는 수요층이 많기 때문에 그만큼 희소성이 있다. 즉, 발품을 팔고 열심히 뛰어다녀야만 좋은 정보를 얻을 수 있다는 뜻이다.

싸고 좋은 집을 원한다면 직접 두 발로 뛰어야 한다. 생활정보지도 활용하고 부동산 사무실도 찾아다니고 동네 마트에도 물어보는 부지런함을 가져야 한다. 특히 지금 당장 이사 가야 할 처지라면 느긋하게 앉아 누군가가 소개해줄 것을 기다려서는 안 된다. 자기 자신이 직접 집을 구하겠다는 일념으로 뛰어다녀야 한다.

A라는 사람은 1억을 가지고 방 두 개가 있는 낡은 아파트를 얻었다. 그런데 B라는 사람은 같은 지역에서 같은 1억을 가지고 방이 세 개가 있

는 전망 좋은 아파트를 얻었다. 어떻게 된 일일까? A는 부동산 중개업자가 소개해준 대로 가서 계약을 했고 B는 자신이 직접 다니면서 빈집에 대한 정보를 수집했기 때문이다. B는 노인정에 음료수를 사 들고 찾아가서 빈집에 대해 물었고 그 지역에서 주관하는 행사에 참여해서 빈집에 대한 정보를 수집했다. 정보를 수집하는 방법은 사람들의 마음을 여는 데서 시작되었다.

"이 동네 참 좋네요. 제가 이 동네에 이사 오고 싶어서 그러는데 어디 좋은 집 없을까요? 어르신."

이렇게 말하며 자문을 구하니 어르신들은 상냥하게 웃으면서 자신이 알고 있는 빈집에 대한 정보를 B에게 아낌없이 알려준 것이다. 집을 못 구해서 죽고 싶다고 울지 말자. 그럴 시간이 없다. 지금 당장 자리를 박차고 일어나서 자신이 살고 싶은 동네로 떠나라. 그곳에 가면 반드시 좋은 집이 있을 것이다. 진심으로 그 동네에서 살고 싶다는 의지를 지니고 알아보면 반드시 마음에 쏙 드는 집을 구할 수 있다는 것을 믿어도 좋다.

30

삶이 회의가 밀려올 때

세상살이의 힘겨움을 반감시키는 것이 무엇일까? 그것은 바로 삶의 의미일 것이다. 삶이 의미 있다고 생각하면 자신이 하는 일에 최선을 다하고 큰 시련도 담담하게 받아들이며 넘긴다. 살아가는 데 있어서 "삶의 의미"란 최종 목적지로 안내하는 지도와 같다. 삶의 지도를 보면서 자신의 인생을 개척해 나갈 수 있다.

삶의 의미 상실은 인간을 무기력하게 만들고 때로는 절망감을 준다. 길다면 긴 삶의 과정에서 인생이 무의미하게 느껴지는 경우는 종종 있다. 삶은 길에 비유할 수 있다. 아기자기한 오솔길, 울퉁불퉁한 자갈길, 잘 닦인 고속도로, 구불구불 지방도로, 경사가 심한 비탈길 등 삶의 긴 여정에서 항상 걷기 편하고 안전한 길만이 나를 기다리는 것은 아니다.

그렇기 때문에 어쩌면 삶은 살아볼 만하다. 늘 같은 길만 걷는다면 얼마나 삶이 지루할 것인가. 힘들고 괴로운 비탈길, 자갈길을 지나 푹신한 촉감의 예쁜 오솔길을 만나면 삶이 행복할 것이다.

"왜 살아가야만 할까? 굳이 이렇게까지 하면서 살아야만 하는 이유가 있는 걸까?"

이것이 삶이 의미 없어진 사람들이 주로 하는 말이다. 왜 나는 살고 있는지, 왜 살아가야 하는지 모르겠다면 그때가 바로 삶에 대한 정확한 정의를 내려야 하는 시점이다. 자기 자신의 삶이 왜 지속되어야 하는지에 대한 확실한 이유를 알아야 한다. 왜 사는지, 왜 살아가야 하는지에 대한 자신만의 답변을 준비하자. 삶의 의미란 지도다. 지도란 어떤 지형에 대한 구체적인 설명이다. 삶의 지도란 삶에 대한 구체적인 설명과 해설이다. 이것을 만드는 사람은 자기 자신이 되어야 한다. 자신의 삶의 지도를 타인에게 그려달라고 하는 것은 말도 되지 않는 일이다.

삶의 지도는 가장 구체적인 인생의 스케치다. 스무 살이 되어서 할 것들, 서른 살이 되어서 할 것들, 마흔 살이 되어서 할 것들, 마흔 이후에 할 것들. 이런 구체적인 삶의 지도를 그려보면 삶의 의미를 찾을 수 있게 된다. 그리고 가장 중요한 것은 지금 자신이 얼마나 중요하고 소중한 사람이고 이 세상에 특별한 소명을 갖고 태어난 사람이라는 것을 기억해야 한다. 또 내가 하는 일이 다른 사람들에게 어떤 도움을 주고 있는지 헤아려라. 자신이 하는 일로 다른 사람들이 기뻐하는 모습을 보라. 그런 순간을 많이 겪을수록 삶의 의미는 명확해질 것이다.

"나의 삶이 다른 사람들에게 이렇게 좋은 영향을 줄 수 있다니, 더 열심히 살아야겠다."

삶의 회의로 괴롭다면 자신이 누군가에게 햇살이 되고 소금이 될 수 있는 존재라는 것을 기억하자. 나도 가끔은 삶의 의미를 상실해서 괴로워한다. 하지만 곧 나 자신이 존재함으로써 누군가가 기뻐할 수 있다는 사실을 깨닫고 다시 열심히 글을 쓴다. 우리는 자신에게 주어진 역할에 충실하게 살아감으로써 삶의 의미를 찾아야 한다.

31
놀림 받아서 괴롭다

    학창시절에 얼굴이 석탄처럼 까만 친구가 있었다. 그 친구의 별명은 여러분도 예상하다시피 깜둥이였다. 게다가 그 친구는 내성적이고 소심한 여자아이였다. 깜둥이라고 놀림을 받으면 언제나 볼을 홍당무처럼 붉히며 저 멀리 도망치던 친구. 난 그 친구를 놀리는 일에 참여하지 않았지만 다른 친구들이 놀리는 걸 말리지도 못했다. 그저 놀림 받는 친구가 안쓰럽다고 여겼던 것 같다. 그렇게 거의 매일 놀림 받던 친구가 어느 날부터 학교에 나오지 않았다. 나중에 알고 보니 깜둥이라는 말을 듣기 싫어서 학교에 나오지 않았다.

    다른 사람은 별생각 없이 놀리는 말이 정작 본인한테는 평생 잊지 못할 상처가 된다. 깜둥이라고 놀리는 친구들 입장에서는 그저 얼굴이

까맣게 생겼으니 장난삼아 놀린 것인데 본인은 그 말이 죽을 만큼 듣기 싫었던 것이다. 누군가 자신을 놀리면 자아에 상처를 입게 된다. 이 상처는 눈에 보이지 않지만, 분명히 상처는 존재한다.

외모를 비하하는 말을 들었거나 여러 가지 습관이나 지적인 능력에 대한 놀림을 받았거나 상처는 똑같다. 놀림을 받는 사람에게는 그 어떤 비하의 말도 쉽게 웃어넘길 수 없기 때문이다. 그러나 마음을 크게 갖고 자신을 놀리는 사람들의 심리를 이해하자. 그렇게 하면 놀림 받아도 커다란 마음의 상처를 입지 않을 수 있다.

왜 사람들은 다른 사람을 놀리는 걸까. 한 번이라도 자신이 다른 사람을 놀려본 적이 있는 사람이라면 그 이유를 알 것이다. 그 이유는 간단하다. 이성이 자신의 입을 다스리지 못하기 때문이다. 이성적 인간은 다른 사람에게 상처를 주는 언행을 하지 않는다. 즉, 타인을 놀림으로써 희열을 얻는 사람은 이성적으로 미숙하다는 의미다.

어떤 사람이 원숭이를 닮은 사람에게 "어이, 원숭이! 지금 사람 흉내 내고 있지?"라고 했다고 하자.

상대가 아무리 원숭이를 닮았다고 해도 원숭이라고 놀리는 사람은 유아적인 이성을 가진 사람이다. 그의 이성은 아직 걸음마도 떼지 못한 단계라고 봐도 좋다. 정상적인 이성의 소유자라면 자신이 하는 말이 상대방의 마음에 어떤 파장을 미칠지를 안다. 그래서 아무리 원숭이를 닮았더라도 절대 놀리지 않는 것이다. 유아기적인 이성을 소유한 사람이 다른 사람을 놀린다는 것을 명심하자. 그런 그에게 '왜 저 사람은 날 원숭이라고 놀리지?'라고 의아심을 품는 건 그 자체가 시간 낭비. 유아기적인 이성의 인간은 진화를 거쳐야만 어른이 된다. 그들의 진화란 다른 사람을 놀리는 일이 그다지 유익하지 않다는 것을 깨닫는 것이다. 하지만 그러기까지는 시간이 꽤 소요된다. 그러므로 그들이 단시간에 놀림을 멈추는 것을 기대해서는 안 된다.

놀릴 테면 놀려라. 이런 배짱이 있어야 인생이 평화롭다. 깜둥이라고 하든, 원숭이라고 하든, 멍청이라고 하든. 놀리는 건 그들의 자유다. 그들의 자유를 인정해주어라. 다만 그것을 받아들이고 상처 입느냐, 아니면 이성적 미숙아들의 말실수에 자신을 지켜내느냐 못하느냐는 자신의 몫이다.

어떻게 살 것인가. 놀림 받는다고 해서 자신이 그런 존재가 되는 것이 아니다. 하찮은 놀림에 일일이 대응하면 진짜 그런 존재가 되고 만다. 누군가 자신을 놀린다는 건 관심이 있다는 방증이기도 하다. 관심 없는 사람에게는 말조차 걸지 않는 게 인간이니까. 놀려주는 사람에게도 인간적으로 예의를 갖춰 대하자. 그들도 언젠가는 친구가 될 수 있는 소중한 사람들임을 기억하라.

32
나만의 속도 유지하기

어느 초가을날, 명문고에 다니는 김 군이 아파트 화단에 떨어져 숨진 채 발견되었다. 가을바람에 쓸쓸히 떨어져 내린 나뭇잎에 덮인 김 군의 시신은 차갑게 식어있었다. 누가 꽃다운 열일곱 살을 죽음으로 내몰았을까? 김 군이 남긴 유서에는 성적 지상주의의 현 입시제도가 싫다는 말이 남겨져 있었다. 성적만 오른다면 무엇이든 불사하려는 학부모들로 인해서 새벽까지 학원가는 불야성을 이룬다. 늦은 시간까지도 잠 못 들고 공부하는 건 이 땅에 사는 학생들의 숙명처럼 여겨진다. 김 군은 전교 5등이었다. 그런데도 자신의 성적에 대해 불만을 가지고 있었다. 전교 1등도 행복하지 못한 것이 지금 우리나라가 아닐까 싶다.

어른은 실적이나 성과 때문에 괴롭다. 보험금을 신청하기 위해 언젠가 보험사무실을 방문한 적이 있었다. 수십 명도 넘는 설계사들이 가장 먼저 눈에 띄었다. 그들은 매우 바쁘게 어디론가 전화를 하고 있거나 서류를 뒤적이고 있었다. 그리고 눈에 띈 건 벽 한쪽을 통째로 차지한 그래프였다. 그 그래프는 설계사의 이름 위에 고난의 십자가처럼 얹어져 있었다. 얼마나 부담스러울까?

학생들은 성적을 고민하고 어른들은 실적을 고민한다. 학생들은 성적이 오르지 않아서 스트레스를 받고 어른들은 실적이 오르지 않아서 스트레스를 받고 있다. 이 두 가지 모두 공통점이 있다. 절대 내려가서는 안 되는 것들이다. 학생, 학부모 모두 성적으로 과도한 스트레스를 받는 것은 우리 사회에 팽배한 학력 지상주의 때문이다. 배우는 즐거움보다는 입시경쟁에서 살아남아야 하고 늘 남보다 앞서야 한다는 의식만 가득하다. 이러한 사회적 분위기에서는 끝없이 경쟁을 부추긴다. 과도한 경쟁에서 개인은 상처를 받을 수밖에 없다.

성적과 실적에 인생을 걸지 말자. 성적은 꿈을 향해 가는 길에 필요한 디딤돌이다. 그것이 높으면 좋지만 낮아도 꿈을 좇아갈 수는 있다. 실적도 높으면 좋지만 낮아도 인생은 계속된다. 자신의 성적이 오를 때는 감사하고 내릴 때는 겸허하게 요인을 분석하라. 부족한 과목을 충분히 공부하고 최선을 다해라. 자신의 노력에도 불구하고 오르지 않는 성적으로 심리적 압박을 받을 필요는 없다. 주변에서 뭐라고 하여도 점수로 인해서 자신을 질책하지 마라. 대신 차분하게 진로를 선택해라.

급하게 서두르지 말고 자신의 실력을 늘려가다 보면 성적과 실적은 자연스럽게 높아질 것이다.

마라톤 경기를 보면 항상 선두 그룹을 형성하는 선수들이 있다. 경기 초반에는 수십 명의 선수들이 떼 지어 선두그룹을 형성하다가 30km 지점을 통과할 때쯤이면 대개 10여 명으로 줄고 그들도 35km 지점을 지나면 반으로 줄어드는 경우가 많다. 그런데 대부분 마라톤 경기에서는 선두그룹에서 가장 먼저 치고 나온 선수가 우승하는 경우가 드물다. 그것은 선수가 자기 속도를 끝까지 유지하지 못하고 다른 선수의 속도에 편승에 자기 페이스를 잃기 때문이다. 그래서 마라톤 코치들은 선수에게 자신만의 속도를 끝까지 유지하라고 강조한다.

현재 나의 삶의 모습도 이 마라톤 같다. 우리는 자신의 능력과 속도를 잊은 채 남이 빨리 걸으면 나도 빨리 걸으려 하고 남이 빨리 달리면 나도 빨리 달려야 한다고 생각한다. 다른 사람이 나보다 속도를 낸다고 생각되면 그것이 학업이든, 승진이든, 비즈니스든 어떻게 해서든 그 속도를 따라잡으려 애를 쓰고 앞지르려고 혈안이 된다.

우리는 살면서 자기만의 속도에 충실하면 된다. 서두르다 보면 지금 미래를 미리 가져와 걱정하게 된다. 천천히 자신만의 속도로 일상을 유지하려고 노력하면 다다르고 싶은 목적지에 다가갈 가능성이 더 크다.

33
사는 게 재미없어서 허무하다

평범한 주부로 평생을 살아온 순화 씨는 얼마 전 기가 막힌 말을 들었다. 그 말은 바로 하나뿐인 아들 녀석의 입에서 튀어나온 말이었다. 순화 씨는 40이 다 되도록 아이가 없다가 마흔둘에 아들을 낳았다. 금이야 옥이야 온갖 정성 들여 키워온 외동아들이 이제 갓 중학교 3학년이 되었다. 순화 씨는 아들이 요즘 어떤 생각을 하고 지내는지 궁금했다.

"아들, 이제 3학년에 올라가니까 공부 열심히 해야지."

자신도 모르게 공부 열심히 하라는 소리가 나오고 말았다. 사실은 그 말을 하려던 게 아니었는데 말이다. 그러자 아들이 한참 엄마 얼굴을 무표정하게 쳐다보았다. 그 표정은 매우 여러 가지 감정을 지닌 듯 오묘했다. 순화 씨는 아들이 무슨 말을 할까 조심스럽게 기다렸다. 그리고 오분 정도 시간이 흐른 후에 아들이 문득 이렇게 말했다.

"엄마, 난 요즘 자꾸만 죽고 싶어."

이게 무슨 말인가 싶어 순화 씨의 가슴속에 천둥소리가 들렸다. 죽고 싶다니. 감히 상상도 못 한 말이었다. 그런 말이 어린 아들에게서 나오리라고는 단 한 번도 생각하지 못했다. 자신은 저 시절이 부럽기만 한데 왜 아들은 죽고 싶다고 하는 걸까. 인생의 황금기에 말이다.

"왜 그런 생각을 하니?"

"사는 게 재미가 없어서."

순화 씨는 그 후로 더 이상 말을 이을 수가 없었다고 한다.

사는 게 재미없어서 죽고 싶다고 하는 사람이 예상외로 많다. 왜 사는 게 재미가 없는 걸까. 고민과 걱정을 끌어안고 살던 과거의 나도 사는 게 재미없어서 죽고 싶은 적이 있었다. 지금 생각해보면 그 이유는 목표의식의 부재였던 것 같다. 뚜렷한 목표가 없었기 때문에 사는 게 흥미롭지 못했다.

사람 사는 재미가 무엇인가. 작은 목표라도 그것을 이루면서 성취감을 맛보는 것, 그리고 그 과정을 즐기는 자체가 삶의 재미가 아니겠는가. 이런 목표가 부재중이라면 당연히 사는 게 재미없을 것이다. 그럼 자신의 삶에 대한 흥미를 유발하는 방법이 무엇인지 감이 잡혔을 것이다. 바로 목표를 뚜렷하게 정하는 것이다. 아무리 작은 목표라도 좋다. 이런 사소한 목표를 정해서 그것을 정복해라. 사소하고 작은 목표를 이루다 보면 점차 원대한 목표도 못 이룰 것 없다는 자신감이 생길 것이다.

  삶의 재미는 우리 스스로 찾아야 한다. 재미없는 삶, 지루한 삶은 모두 내가 그렇게 만들어온 것이다. 그러므로 이 상황을 바꿀 궁극적인 책임도 나에게 있는 것이다. 즐거운 인생은 스스로 하기 나름이다. 사는 게 정말 재미가 없다면 오늘부터 실천해보자. 작은 목표 하나를 정해서 이루도록 노력해보자. 친구에게 전화하기, 엄마에게 사랑한다고 말하기, 일기 쓰기, 서랍 정리, 좋아하는 영화 보기 등등. 보기에 별것 아닌 것들이 삶의 재미를 되찾아줄 최고의 선택이 될 수도 있다.

34
자신이 싫어질 때

인간은 신(神)이 아니다. 모든 것에 능통하거나 모든 것이 가능한 전지전능한 존재가 아니다. 그런데 왜 자신의 부족한 면을 받아들이기 힘든 걸까? 사람들은 자주 이런 말을 한다.

"내가 왜 그랬지?"

"나, 참 바보 같다."

어떤 말이나 행동을 하고 나서 후회하는 이런 식의 자책을 하지 않는 사람이 없을 정도다.

왜 인간은 자신을 단죄하려고 하는 걸까? 언제나 그렇듯 문제 해결의 첩경은 문제를 철저히 분석하는 데서 시작된다. 인간이 자신을 단죄하는 까닭은 이중성에서 기인한다. 인간은 매우 이기적인 동물인 동시에 이타적이다. 이기적인 측면에서의 인간은 자신의 하찮은 잘못조차도 용서할 수 없다. 왜냐하면 자신이 완벽하길 원하기 때문이다. 즉, 너무 이기적이기 때문에 자신이 하는 실수나 잘못을 용서하기가 어려운 법이다.

나도 가끔 바보 같은 자신을 발견하곤 한다. 내가 바라던 모습의 내가 아닐 때의 매우 불쾌하다. 자존심이 강한 사람일수록 더 심하다. 그러나 나는 바보 같은 나지만 나를 사랑한다. 그리고 곧 인간은 완벽할 수 없다는 걸 알기에 자신을 용서해주는 시간을 가진다. 우리는 실수투성이 인간이다.

바보 같은 나, 실수투성이의 나, 무엇 하나 제대로 마무리 못 하는 나, 잘 난 것 하나도 없는 나, 가난한 나, 모자란 나……. 이런 나를 사랑하자.

누구도 처음부터 잘난 사람은 없다. 요즘 잘 나가는 어느 스타강사도 처음에는 라면으로 끼니를 때우면서 아무도 박수를 쳐주지 않는 인기 없는 강연을 했었다. 그는 스스로에게 박수를 보낼 줄 아는 사람이었기 때문에 고난의 시기를 이기고 스타강사로 성장한 것이다. 물론 그도 자신이 바보 같아 보여서 죽고 싶은 적이 있었다고 한다.

"사람들은 지금의 나를 보면서 부러워해. 하지만 난 지금도 가끔은 나 자신이 바보 같아 보여서 죽을 만큼 힘들단다. 강단에 선 내 모습이 어쩔 땐 한없이 초라해 보이거든. 하지만 곧 자신감을 회복하지. 그 비법은 모자라고 부족한 나지만 사랑한다고 자신에게 말해주는 거야."

유명한 사람들도, 사회적으로 성공한 사람들도 가끔은 자신을 바보 같다고 생각하면서 괴로워한다고 실토한다. 최고의 자리에 있는 사람들도 자신에 대해 백 퍼센트 만족하지 못하는 것이다. 사람은 가끔 그런 부정적이고 자기 파괴적인 생각을 하고 산다. 우리는 자신을 망가뜨릴 수도 있고 재건할 수도 있는 능력을 갖추고 있다.

"사랑하는 나야, 오늘도 많은 실수를 저질렀구나. 너, 참 바보 같다. 하지만 난 너를 믿어. 너의 무한한 가능성에 한 표를 줄게. 힘내자."

이런 다짐이 자신을 다시 일으켜 세우는 힘찬 응원가가 될 것이다. 바보 같다고 자신을 비난하지 말고 다시 한 번 자신에게 기회를 주어라. 언제나 실수투성이, 모자라고 못나 보이지만 또 다른 나의 모습이다. 조금 부족해도 자신을 인정하고 사랑해주면 바보 같다는 생각은 어느덧 사라지고 세상에서 가장 믿음직스럽고 지혜로운 자신을 만나게 될 것이다.

35
혼자라고 느껴져서 고독하다

아산에 사는 50대의 한 남성은 자신의 주거지에서 112로 전화를 걸어 "사람을 죽였다."라고 거짓 신고를 해 경찰관과 소방관을 출동하게 한 혐의를 받고 있는데 그는 지난해 11월부터 4개월 동안 120번 넘게 112 거짓 신고를 했다고 한다. 그 남성은 "술 마시고 외로워서 내 말을 들어 줄 사람을 찾으려 그랬다."라고 진술했다고 한다. 얼마나 외롭고 사람이 그리웠으면 허위 신고를 반복하면서 외로움을 달래고자 한 사건인지 알 수 있다.

혼자라는 느낌이 들 때 우리는 어떤가. 커피를 마시고 소주 한 잔을 기울여도 좀처럼 그 기분은 사라지지 않는다. 사람은 외로워서 죽음을 선택하기도 한다. 자살하는 사람들 대부분이 혼자 남겨진 것 같은 뼈저린 고독감을 끌어안고 죽어간다. 삶을 포기할 만큼 외로움이 주는 고통이 크다. 외로움의 사전적 의미는 홀로되어 쓸쓸한 마음이나 느낌이며 비슷한 말로는 '고독'이 있다. 인간은 사회적 동물이기에 타인과 소통하지 못하고 격리되었을 때 느끼는 감정이 외로움이다. 예를 들어 낯선 환경에서 혼자서 적응할 때, 사랑하는 사람과 헤어질 때 등으로 혼자가 되었다고 느낄 때를 말한다.

한 사회신경과학자는 다음과 같이 밝혔다. 외로운 사람이 그렇지 않은 사람보다 인지, 사고 능력이 30% 더 낮게 활성화되고 고혈압 발병률은 37%, 심장마비 확률은 415 더 높다. 또한 사회적 만족도, 소득 수준은 각각 35%, 8% 더 낮다고 한다. 인간은 교우관계가 돈독하고 친목 활동이 활발할수록 행복해지며 사회생활도 성공적으로 할 수 있다.

20년 뒤인 2035년에는 혼자 사는 가구가 둘 이상 사는 가구보다 많아질 것이라는 전망도 있다. 우리는 이제 외로움이라는 것과 사이좋게 지내야만 한다. 황동규 시인은 자신의 시집에서 '홀로움'이란 신조어를 선보였다. '홀로'와 '즐거움'을 합성한 말로 '외로움을 통한 혼자 있음의 환희'라고 시인은 설명한다. 외로움 속에서 허우적대며 자신을 더욱 고립되게 만들지 말고 잘 달래어 함께 즐기는 방법을 찾아보자.

가끔은 '심리적 고아' 상태에 빠져보는 것도 좋다. 지독한 외로움에 처해 있을수록 진정한 자아를 만날 수 있고, 삶에 대한 깨달음도 얻을 수 있다. 또 외로움을 자기 계발 기회로 삼을 수 있다. 다산 정약용은 18년간의 유배생활 동안 500여 권의 책을 썼다. 외로움에 오랫동안 젖어있다 보면 우울증으로 발전하기 쉬우므로 무엇인가에 몰입하는 것이 필요하다. 취미나 봉사 활동, 운동 등 건전한 여가 선용 방법을 찾아 적극적으로 참여하고 활동하는 것도 좋다.

외로워도 살아야 한다. 외로움에 슬기롭게 대처하고 견뎌내는 것밖에 없다.

36
사랑하는 사람과의 이별

베르테르 효과가 있다. 자신이 롤모델로 삼고 있는 사람이나 유명 연예인이 죽으면 따라서 죽는 것인데 사회적으로 큰 문제가 되고 있다. 괴테의 《젊은 베르테르의 슬픔》에서 유래한 이 효과는 자살이 한 사람의 죽음으로 끝나지 않는다는 것을 여실히 증명해주고 있다. 최근 연구 결과 가족이나 사랑하는 사람이 죽으면 그렇지 않은 사람에 비해 자살할 확률이 높다고 한다. 곁에 있던 사랑하는 사람이 죽게 되면 패닉 상태에 빠진다.

아내가 백혈병으로 사망하자 1년도 채 견디지 못하고 뒤를 따라 세상을 떠난 남편도 있고 아들이 교통사고로 숨지자 몇 날 며칠을 죽 한 그릇도 넘기지 못하고 아들 곁으로 떠난 엄마도 있다. 사랑하는 사람이 죽는다는 건 고통스러운 일이다. 자신이 사랑했던 사람이 죽으면 그 사람과 영원한 작별을 해야 하는 고통을 피할 수 없다. 이것은 정신적으로 크나큰 충격으로 다가온다.

우리가 사랑했고 우리를 사랑했던 사람들은 언젠가 우리 곁을 떠난다. 그 이별의 시간은 누구에게나 예정되어 있다. 영원한 이별도 의연하게 받아들일 줄 아는 사람이 되라.

사랑하는 사람이 죽는다는 것, 하지만 어찌하겠는가. 인간의 힘으로 그것을 막을 길이 없다. 받아들여야만 한다. 많이 울어도 좋고 슬퍼해도 좋다. 하지만 절대로 자신의 생명을 경원시하는 실수를 범해서는 안 된다. 자기 자신을 잘 지켜가는 것이 먼저 세상을 떠난 사랑하는 사람들에게 해줄 수 있는 최고의 선물이다. 그들은 우리가 행복하길 진심으로 바란다. 자신 때문에 괴로워하는 모습을 원하지 않는다.

죽음으로 인해서 모든 게 사라지지 않는다는 사실을 잊지 말자. 우리는 죽어서 사랑했던 사람들을 만날 수 있을지도 모른다. 사랑하는 엄마, 아빠, 친구, 아들, 딸을 다시 만나게 된다면 어떤 모습을 보여주어야 하겠는가.

"내가 죽어도 넌 행복하게 오래오래 살아야 해."

이것이 그대가 사랑했던 사람이 남긴 진심이다. 그 마음을 가슴속 깊이 소중하게 기억하라. 진짜 그 사람을 사랑했다면 더 씩씩하게 이 세상에서 살아가는 것이 효도요, 우정이요, 뜨거운 애정의 표현임을 알아야 할 것이다.

37
배우자의 외도로 살고 싶지 않다

"저 어쩌죠? 남편이 바람피운다는 걸 알았어요. 이렇게 절 배신할 줄은 몰랐어요. 흑흑, 죽고 싶습니다."

"저희 집사람에게 남자가 있습니다. 전 어떻게 해야 할까요. 도저히 같이 살 수가 없는데 아이들 생각하니 헤어지기도 쉽지 않고 죽고 싶을 만큼 힘듭니다."

배우자의 부정한 행동으로 인해서 상처받는 사람들이 많다. 인터넷 동호회나 스마트폰으로 채팅을 해서 생전 처음 본 사람과 하룻밤을 즐기기도 하고 지속적으로 아내나 남편 몰래 애인과 만나는 사람들도 있다. 결혼식장에서 평생을 함께 하고 변치 않는 사랑을 서약한 사람들이 왜 그렇게 변하는 걸까.

배우자의 외도란 마른하늘에 날벼락을 맞는 것보다 더 큰 충격을 줄 수 있다.

한 여사가 그런 사람이었다. 그녀는 자신의 남편인 박봉달 씨만 바라보며 살아온 사람이었다.

박봉달 씨 역시 수십 년 결혼 생활 동안 한 번도 여자 문제로 속을 썩이지 않았다. 그런데 결혼 25주년을 앞둔 어느 날, 한 여사는 그가 다른 여자와 호텔로 들어가는 모습을 목격했다. 박봉달 씨는 젊은 여자를 끌어안다시피 하고 호텔로 들어가고 있었다. 곧 그녀는 심부름센터에 그의 불륜 사실을 확인해달라고 의뢰했다. 결과는 그녀의 남편은 이미 오래전부터 내연녀가 있었으며 심지어 숨겨둔 아이까지 있었다는 사실을 알게 되었다.

한 여사의 심정은 참담하기 그지없었다. 이제 늙어버린 자신의 모습이 더 처량해졌다. 젊은 여자를 찾아간 남편에게 뭐라고 말할 수 없는 서운함과 배신감이 느껴졌다. 그녀는 여기저기에서 사 온 수면제를 모아서 한 입에 털어 넣었다. 죽으면 이 고통이 끝날까 싶었고 자신이 죽으면 남편이 후회하면서 힘들어할 것으로 생각했다. 그렇게 한 여사는 과도한 수면제 복용으로 잘못된 선택을 하였다. 그녀가 죽고 나자 남편 박봉달씨는 채 1년도 되지 않아 내연녀와 재혼했다.

자신이 죽으면 배우자가 매우 슬퍼하면서 자신의 외도를 반성하리라고 생각하는가. 그건 무리한 요구요, 헛된 희망이다. 만약 그대가 배우자의 외도를 빌미 삼아서 자살한다면 그건 자신만 불쌍하게 만드는 어리석은 선택이 될 것이다. 그리고 자녀들에는 씻을 수 없는 아픔을 줄 뿐이다.

    내 자식을 불쌍하게 만들고 배우자와 내연녀, 내연남에게 면죄부를 주고 싶지 않다면 살아서 이전보다 더 즐거워해라. 이전보다 더 행복해져라. 그것이 진정한 복수다. 이혼하고 싶다면 당장 그들을 고소해라. 이혼하고 싶지 않다면 모른 척 넘어가 주는 아량을 발휘해라. 그래서 그 일로부터 홀가분해져라. 인생은 길다. 그리고 인간은 동물이다. 얼마든지 다른 이성과 짝짓기를 할 수 있는 종족이다. 그러니 너무 상처받지 마라. 다만 자신은 그렇게 더럽게 살지 않았음을 감사하라. 그대는 순수하고 아름다운 사람이다. 상대방을 용서할 수 있으면 같이 살고 그럴 수 없다면 헤어지는 것이 정답이다.

38
숨기고 싶었던 과거가 두렵다

　인간이 살아온 행로가 다양하듯이 과거 역시 개인마다 다르고 그 내용은 파란만장하다. 각자의 과거 중에는 자신만 혼자 간직하고 싶은 시간이 있다. 숨기고 싶은 과거가 일평생 수면에 드러나지 않고 살아가기는 참 어렵다. 우연하게 과거가 드러나서 곤욕을 치르는 경우가 많이 있는 것이다.
　어느 부부가 우연하게 드러난 아내의 과거 때문에 이혼 위기에 처하게 되었다. 아내 입장에서는 자신의 숨기고 싶은 과거가 드러나서 죽고 싶은 심정이 들었을 것이다.
　이렇게 자신의 의도와는 무관하게 과거는 어느 순간 물풍선이 터지듯이 터뜨려지게 된다. 그러면 그런 일이 벌어지리라고 예상하지 못한 사람은 일련의 상황에 어쩔 줄 모르게 된다. 그러므로 우리는 자신의 숨기고 싶었던 과거가 드러날 경우 어떻게 해야 하는지 생각해두어야 한다. 그대에게 숨기고 있는 과거가 있는가. 만약 그 사실이 드러나게 되면 어떻게 할 것인가. 미리 이런 상황에는 어떻게 해야지,라는 행동 강령을 정해놓으면 현명하게 상황을 수습할 수 있을 것이다. 하지만 이미 그런 상황이 다가왔다면 어쩔 것인지 알아보자.

만약 그대가 숨기고 싶었던 과거가 만천하에 드러나 버렸다면? 그래서 고개를 들고 밖에 돌아다니지 못할 것 같고 죽고 싶다면?

과거가 드러나길 두려워하는 것은 그 과거가 수치스럽다고 여기기 때문일 가능성이 크다. 과거의 자신이 한 행동이나 자신의 주변에서 벌어진 일들이 알려지면 손가락질당할 것 같아서 사람들은 자신의 과거를 숨기는 것이다. 인간은 부끄러움을 아는 생명체다. 수치심을 아는 사람은 나쁜 짓을 저지를 확률도 낮을 것이다. 그러므로 지금 그대가 온 천하에 드러난 과거에 대해 부끄러워 고개를 못 들겠다고 느낀다면 그대는 매우 착한 사람일 것이다. 정말 나쁜 사람은 수치심이 뭔지도 잘 모른다.

이제 됐다, 이미 벌어진 일이다. 힘든 시간은 다 지나갔다. 더 이상 나빠질 것도 없지 않은가. 더 이상 숨길 것이 없으니 오히려 마음이 한결 가볍다고 생각하자. 숨기고 사느라 그동안 얼마나 가슴 졸여왔는가. 이젠 그럴 필요가 없으니 삶의 무게가 그만큼 줄어든 것이다. 부정적 상황을 긍정적으로 받아들일 줄 아는 지혜를 발휘하라. 인생은 괴로움의 시간만큼 비례해서 우리에게 지혜를 준다. 우리가 괴로울수록 삶의 지혜는 더 늘어나게 되어 있다. 그대에게 지나간 과거를 들먹이면서 비난하는 사람이 있거든 같이 덩달아서 싸우지 말고 과거를 시원하게 인정하라. 그리고 진심으로 사과하라.

자신이 무엇을 숨기고 사는지 일부러 알릴 필요는 없다. 하지만 그 과거로 인해서 상처받은 누군가가 있다면 사과할 줄 아는 사람이 되는 것은 진정 용기 있는 자의 처신이다.

39
사랑과 이별

　여자 친구가 헤어지자는 말을 했다는 이유로 여자 친구를 납치하고 폭행한 남자. 그는 평소에 어떤 사람이었을까. 그는 우리의 예상과는 달리 아주 모범적인 사람이었다고 한다. 회사에서도 그가 그런 폭력성을 보인 적은 없었다고 한다. 준비되지 않은 이별로 그는 평소에 행동하던 것과 전혀 다른 행동을 하고 만 것이다. 이처럼 준비되지 않은 연인과의 이별은 끔찍한 결과를 초래하기도 한다. 그만큼 이별을 받아들이기가 힘들다고 말할 수 있을 것이다. 인생은 만남과 이별의 반복이지만 막상 사랑하는 연인과 이별한 사람의 귀에는 아무 소리도 들리지 않는다.
　남자친구와 결별한 여자는 긴 머리카락을 싹둑 자르거나 폭식을 하기도 한다. 그렇게라도 하지 않으면 죽을 것 같기 때문이다. 지금, 사랑하는 연인과의 이별로 힘겨운가. 그렇다면 우리 조금만 함께 생각해보자. 남자가 여자를 사랑할 때, 남자는 모든 걸 건다. 그가 하는 모든 행위는 여자를 위한 것이 된다. 돈을 벌어도 여자를 위해 쓰고 휴식을 취할 때도 여자가 좋아하는 것을 하러 간다. 여자가 남자를 사랑할 때, 여자는 다른 남자는 전혀 눈에 들어오지 않는다. 더 잘 생기고 멋진 남자가 유혹해도 그 남자가 세상에서 최고로 멋져 보인다.

세상의 모든 것이 그 사람을 중심으로 돌아간다고 여겨지는 것이 사랑이다. 그런 사랑의 감정은 스스로 사라지지 않는 한 없애기 어렵다. 그런데 예고치 않은 이별이란 것은 사랑하지만, 그 감정대로 행동할 수 없어 괴롭다. 일방적으로 이별을 통고받았을 때 그 깊은 좌절감은 당사자만이 알 수 있을 것이다.

인간은 자신의 감정대로 행동할 수 없을 때 고통스럽게 된다. 울고 싶은데 울지 못하고 웃고 싶은데 웃지 못하고 있다면 얼마나 괴로울 것인가. 더군다나 사랑하고 있음에도 불구하고 사랑해서는 안 되는 상황은 매우 안타깝고 괴로울 것이다.

그런데 생각을 바꿔보면 사랑할 수 없다고 자신이나 상대방을 괴롭히는 것은 절대 하지 말아야 한다. 만약 한 남자가 여자와 결별 후에 자살을 선택했다고 하자. 그가 자살함으로써 고통받는 이들은 한두 명이 아니다. 그를 낳아서 길러온 부모가 가장 먼저 슬퍼할 것이며 그를 어려서부터 알고 지내온 친구들이 또한 슬퍼할 것이다. 그를 아는 거의 모든 사람들이 그가 죽음으로써 아픔을 느끼게 된다. 그것은 이별한 연인에 대한 예의가 아니다. 그래도 한때 사랑했던 사람이 자살로 생을 마감했다는 소식을 반길 사람은 없다. 또한 자신의 인생에 대한 예의도 아니다. 죽음으로써 이별을 극복하고자 하는 것은 나약한 인간의 선택일 뿐이다.

　이 남자 아니면 다시는 다른 남자가 없을 것 같지만 그렇지 않다. 이 여자 아니면 다시는 다른 여자를 사귈 수 없을 것 같지만 그건 생각의 착시현상이다. 또 다른 인연은 언젠가 찾아올 것이다. 어쩌면 그 사람이 하늘이 정해준 운명의 짝일지도 모른다. 사랑했기 때문에 많이 아플 것이다. 하지만 보내주어야 할 사람을 애써 붙잡지는 말자. 미련을 버려라. 좋게 헤어졌든, 좋지 않게 헤어졌든 일단 이별했다면 그것을 수용하라. 남겨진 사랑의 감정을 소중히 간직하라. 그대의 사랑은 아름다웠다. 아무리 미워도 떠나간 연인에게 행복하게 지내라고 말할 수 있는 사람이 진정한 사랑을 아는 사람이다.

40
실패를 통한 성장

친구가 운전면허 시험을 보러 가는 데 따라간 적이 있다. 나보다 늦게 운전면허에 도전하는 친구를 응원해주기 위해서였다. 몇 년 만에 찾아간 운전면허 시험장이 새삼 반가웠다. 그런데 내가 운전면허를 딸 때와 시험 제도가 많이 달라졌다. 그전보다 시험이 더 어려워졌다고 말하는 사람들이 많았다. 친구는 열심히 공부했지만 오랜만에 보는 시험이라 무척 떨린다고 했다. 1차 필기시험에서는 다행히 한 번에 합격을 했다. 그런데 그 이후가 문제였다. 2차 기능시험에서 계속 떨어지는 것이다. 운전 중에 일어나는 돌발 상황을 테스트하는 부분에서 계속 실수를 하였다. 세 번이나 떨어진 후에야 합격을 한 친구는 한숨을 내쉬었다.

"정말 힘들다. 운전면허 시험도 한 번에 합격 못 하고 이게 뭐지."

친구는 그래도 다행히 주행시험은 한 번에 합격해서 그토록 원하던 운전면허증을 따게 되었다. 한 할머니가 운전면허시험에 771번이나 불합격하고서도 계속 도전하고 있다는 뉴스를 본 적이 있다. 칠십이 넘은 그 할머니는 식당을 운영하고 있는데 운전면허가 없어서 걸어서 배달을 한다고 했다. 필기시험만 771번 낙방한 할머니가 운전면허 시험을 위해서 쓴 돈은 무려 400만 원이 넘는다. 그래도 할머니는 도전을 멈추지 않는다고 했다. 친구는 세 번의 낙방으로도 상심하고 속상해했는데 그 할머니는 정말 대단한 의지력을 지닌 게 틀림없다.

　살아가면서 우리는 늘 성공하는 것은 아니다. 실패는 되도록 피하고 싶지만, 우리 의지와는 다르게 호시탐탐 우리 곁을 찾아온다. 학생이라면 시험이 일상이 될 정도다. 초, 중, 고, 대학에 이르기까지 시험과의 전쟁이나 마찬가지다. 특히 고 3이 되면 수능시험에 대한 압박감으로 굉장히 힘든 게 사실이다. 어른이 되면 시험이 없을까. 어른도 시험을 보는 경우가 많다. 운전면허 시험은 가장 흔한 시험 중 하나다. 요즘은 자신의 직업 이외의 여러 가지 자격증에 도전하는 경우가 많다. 장사를 하던 사람이 공무원에 도전하는 경우도 있고 회사원이 회계사 시험을 보는 경우도 있다. 주부 중에는 요리를 더 배우고 싶고 경제적 측면에서 도움이 되고자 요리사 자격증에 도전하는 사람들도 있다. 그리고 각종 컴퓨터 자격시험에도 많이 도전한다. 이런 여러 가지 시험은 자격증이나 취업과 바로 연결되어 있어서 여러 번 떨어지면 우울해지고 소심해진다.

특히 주변의 기대치가 높거나 관심이 집중된 시험에서 좋지 않은 결과를 얻게 되면 더 심한 좌절감을 맛보게 된다. 수능시험, 입사시험, 각종 자격증 시험 등에서 낙방하면 자신에 대한 실망감과 더불어 주변 사람들에 대한 미안함이 커진다. 몇 년을 뒷바라지한 시골의 부모님께 죄송하다는 유언을 남기고 자살한 사법고시생. 그는 한 평도 되지 않은 작은 고시원에서 사법고시라는 일생일대의 목표를 향해 달려왔었다. 그렇지만 시험에 합격한다는 것이 꼭 실력에 비례하지는 않다. 열심히 노력하는 것이 가장 중요하지만, 시험에는 운도 따라줘야 한다.

사람은 누구나 실패에 대한 두려움을 갖고 있다. 그러나 실패했을 때 좌절하고 자책하기보다 더 멀리뛰기 위한 준비운동이라 생각하자. 우리의 삶에는 실패가 주는 교훈이 더욱 크다. 이것을 발판으로 좀 더 발전한 자신이 되도록 노력하자.

41
인정의 욕구

형은 일류대를 나와서 대기업에 다니는데 자신은 그저 그런 대학을 나오고 취직도 아직 못한 한 청년이 이렇게 하소연한다.

"전 지금까지 살아오면서 부모님께 단 한 번도 인정받지 못했습니다. 정말 죽고 싶은 적이 한두 번이 아니었죠. 하지만 저의 형은 무엇을 하든 인정받았습니다. 전 미운 오리 새끼 같은 인생을 살아왔죠."

자신을 미운 오리 새끼라고 규정할 만큼 그의 상처는 컸다. 인정받지 못한다는 것은 어떤 의미일까. 매슬로우의 욕구위계이론에 의하면 다섯 가지 욕구가 있는데 생리적 욕구, 안정의 욕구, 소속과 애정의 욕구, 존중의 욕구, 자아실현의 욕구이다. 모든 사람들은 존중받고자 하는 욕구를 갖고 있다. 어떤 훌륭한 일을 하거나 특정한 무엇을 잘함으로써 타인의 인정을 얻고자 하고 이러한 활동은 사람들에게 자신이 가지 있다고 느끼거나 어떤 것에 기여하고 있다고 느끼거나 어떤 것에 기여하고 있다는 느낌을 갖게 한다. 이 존중의 욕구는 스스로가 자신을 중요하다 느낄 뿐 아니라 다른 사람으로부터도 인정을 받아야 비로소 충족된다고 한다. 집에서 부모님께 단 한 번도 인정받지 못한 이 청년은 자신이 얼마나 소중하고 가치 있는지에 대한 피드백을 받지 못한 셈이다. 사람들은 인정받음으로써 비로소 자신이 어떤 존재인지를 가늠할 수 있게 된다. 그런데 주변 사람들에게 인정을 받지 못하는 사람은 자존감이 현저히 낮아지고 열등감을 갖기도 한다.

직장생활에서도 인정에 대한 욕구는 여지없이 발현된다. 샐러리맨들은 사장이 이렇게 말해주는 걸 간절히 원한다.

"이번에 일 처리를 아주 훌륭하게 해내 줘서 고맙네. 우리 회사에서 자네는 보석 같은 존재야. 자네가 내 곁에 있어서 든든해."

이런 말은 사람을 힘 나게 만든다. 과로로 몸이 아프고 쑤셔도 이런 말을 듣게 되면 힘들었던 모든 일들을 시원하게 잊게 만든다. 인정은 어떤 행동을 하는데 강한 동기유발이 된다. 부모님, 선생님, 동료들, 직장 상사들에게 인정받기 위해 열심히 공부도 하고 일도 하게 된다.

그러므로 우리는 타인에게 인정을 받는 것도 중요하지만 자기 자신을 인정하는 삶을 살아가자. 단점은 고치려고 노력하고 장점을 살리면서 자신감을 갖고 자신을 스스로 존중하는 것이 더 중요하다. 자신이 자신을 인정할 수 있을 정도로 실력을 쌓고 바른 품성을 기르면 안정된 자아 존중감을 가질 수 있다.

42
피곤해서 모든 게 귀찮다

십 대 때의 나는 늘 피곤했다. 길을 걸어도 피곤하고 잠을 자도 피곤했다. 정말 이상하게도 별다른 병이 있는 것도 아닌데 그렇게도 피곤할 수가 없었다. 밥을 먹을 때도 피곤하고 심지어 가만히 있어도 피곤했다. 이유를 알 수 없는 피곤은 사람을 지치게 만들었던 것 같다.

"왜 이렇게 피곤하지?"

언젠가 인파가 붐비는 도심지를 걷다가 나는 자신에게 스스로 이런 질문을 한 적도 있다. 그렇다면 왜 사람들은 피곤한 걸까. 몇 가지 경우를 알아보자.

첫 번째 과식을 한 경우다. 갑자기 음식물을 많이 섭취한 경우 심장에 무리가 온다. 또한 혈압도 상승하게 된다. 과식한 후에 피곤해진 경험이 있을 것이다. 과식을 하게 되면 음식물을 소화하는 장에 혈액이 몰리게 된다. 그래서 다른 기능이 저하되게 되는 것이다. 적당히 음식을 섭취하는 습관을 지니자. 아무리 맛있는 음식이 있어도 절제하자. 소식이 장수의 비결이라는 것을 잊지 말자.

두 번째 경우는 빈혈이다. 빈혈이 있을 때 사람들은 피곤해진다. 철결핍성 빈혈이 주를 이루는 빈혈은 충분히 예방과 치료가 가능하다. 많은 피를 흘렸거나 출산 등의 경우에 빈혈이 갑자기 생길 수 있다. 병원에 가서 혈액검사를 받고 철분 약을 먹으면 곧 좋아질 수 있다.

세 번째 경우는 흡연이다. 담배를 피우게 되면 혈액순환에 장애가 온다. 그리고 각종 질병의 근원이 된다. 흡연자는 비흡연자보다 3.5년을 일찍 죽는다. 그렇지만 44세 이전에 금연하게 되면 비흡연자와의 수명이 비슷해진다고 한다. 하루라도 빨리 금연하는 것이 피곤함을 떨치는 지름길이다.

네 번째 경우는 코를 고는 습관이다. 가족이나 친구가 자면서 코를 고는 경우를 많이 봤을 것이다. 코를 골게 되면 수면 무호흡증이 올 수 있고 그로 인해 새벽에 자다가 깨게 된다. 그래서 수면량이 불충분하게 된다. 코골이를 치료하기 위해서는 가장 먼저 체중을 줄이는 게 시급한 일이다.

다섯 번째 경우는 잠자는 환경이다. 잠자리가 너무 밝거나 시끄러우면 역시 수면이 방해를 받게 되어서 피곤할 수밖에 없다. 최대한 어둡게 하고 잠을 청해라. 조용하고 어두운 수면환경은 다음 날 피곤을 예방하는 좋은 방법이다.

그리고 마지막으로 여섯 번째 경우는 우울증에 걸렸을 때이다. 우울증은 사람을 심리적으로 약하게 만들어서 불면증을 초래한다. 우울증은 병이다. 병원에 찾아가서 적당한 치료를 받고 약을 먹으면 호전될 수 있다. 이런 여러 가지 경우들이 피곤함을 가중시키는 것들이다.

그리고 그 외에도 몇 가지 원인이 더 있을 수 있는데 가장 문제가 되는 것은 원인이 불분명할 때이다. 특별한 병이 있는 것도 아니고 극심한 스트레스가 있는 것도 아닌데 피곤한 경우 사람들은 난처해진다.

원인을 알 수 없는 피곤함을 극복하는 방법을 배워보자. 건강한데 피곤한 경우, 우리는 자신에게 뚜렷한 지향점을 제시해야 한다. 나는 만성 피곤함에 시달렸는데 그 피곤함이 순식간에 사라진 경험을 한 사람이다. 그때는 바로 본격적으로 글을 쓰기 시작한 때였다. 작가가 되겠다는 뚜렷한 지향점을 지니고 살게 되자 피곤함이 뭔지 모를 정도로 삶에 활력이 넘치게 된 것이다. 피곤해서 죽고 싶은 그대라면 정확히 10년 후에 어떤 사람이 되고 싶다는 도달하고 싶은 지향점을 정해라. 그리고 그 지향점을 바라보면서 걸어가라. 그렇게 하면 장담하건대 원인을 알 수 없는 피곤함은 자신도 모르는 사이에 나을 것이다. 인간이 이유 없이 피곤해지는 것은 희망이 없기 때문이다. 그 희망의 첫 단추는 바로 확실한 지향점을 정하는 것임을 기억하자.

남들이 자신을 험담해서 괴롭다

　누구나 좋은 평가를 듣고 싶어 한다. 그래서 조금 힘들어도 참고 다른 사람들에게 친절한 미소를 지어 보이곤 한다. 이러한 좋은 평가에 대한 갈망은 만약 누군가가 반대로 자신에 대해 나쁜 평가를 한다면 큰 충격을 받게 되는 것이다.

　미스 김은 자신을 험담하는 여직원들 때문에 괴롭다. 언젠가부터 자신을 제외한 서너 명의 여직원들이 모여서 자신에 대해 험담을 한다는 것을 알게 되었을 때 눈물이 날 지경이었다.

　"내가 무슨 잘못이 있어서 그들은 내 흉을 보는 거지?"

　그리고 점점 소심해져 갔다. 이제는 몇 명이 모여 있기만 해도 자신을 험담하고 있다고 지레짐작하게 된 것이다. 그렇지만 대부분은 그녀의 이야기를 하지 않고 있었다. 이런 경우에는 험담을 한 사람들이 문제를 만들었다고 생각하기 쉽다. 누군가 나를 흉보았다는 건 그리 기분 좋은 일이 아니다. 그래서 사람들은 그들을 공격의 대상으로 삼는다. 자신도 그들을 험담하는 것이다. 결국 같은 사람이 되고 마는 경우다. 그러나 험담을 한 사람들이 문제를 만들었다는 생각을 버린다면 자신을 비난하는 사람들에 대해 조금 더 여유롭게 대처할 수 있게 된다.

지금 그대를 험담하는 사람들이 있는가. 만약 험담을 한 게 진실이라고 하더라도 그 사람들에 대해 부정적인 판단을 하지 말자. 인간에게는 숨기고 싶은 본능이 여러 가지 있다. 그중에 다른 사람에 대해 이러쿵저러쿵 이야기하고 싶은 본능도 있다. 그런데 그 내용이 문제다. 대부분의 경우 다른 사람의 좋은 부분에 대한 이야기를 하기보다는 치부를 드러내곤 한다. 하지만 인간의 가장 깊숙한 곳에 있는 천성은 다른 이들을 사랑하는 것이다. 그것을 인간애라고 한다. 인간애는 험담을 하는 그들의 내면에도 있다. 비록 그대에 대해서 험담을 했어도 자신이 하는 말이 부적절하다는 것을 잘 알고 있다. 그러므로 너무 예민하게 대응해서는 안 될 것이다.

무덤덤한 자세를 가져라. 다른 사람들의 뒷이야기에 마음 졸일 필요가 없다. 그들은 별 의미 없이 험담을 했을 가능성이 많다. 그런데 그러한 사실을 모른 채 예민하게 대응하게 되면 일을 더 크게 만들고 말 것이다. 미스 김이 자신을 험담하는 여직원들의 태도에 불만을 품고 그들에게 복수를 하기로 한다면 일은 더 복잡해진다. 그리고 미스 김을 험담하던 여직원들은 자신들의 행동이 정당했다고 생각할 것이다.

"저것 봐. 우리말이 맞았어. 정말 속 좁고 성격 더러운 애야."

그렇지만 무덤덤하고 큰마음으로 일에 대처하면 상황은 역전될 수 있다. 미스 김을 험담하던 여직원들이 서서히 미스 김의 실체를 깨닫게 되는 것이다.

"뜻밖에 마음이 넓고 착하다. 괜찮은 사람이구나."

험담하는 사람의 입을 틀어막으려고 하면 더 지독한 험담이 쏟아져 나올 것이다. 왜냐하면 그들은 험담하려는 본능에 충실하려고 하기 때문이다. 그들의 본능에 제동을 걸지 말고 의연하라. 다른 사람의 부정적 평가야말로 자신을 되돌아볼 수 있는 아주 좋은 피드백이다,라고 생각하자. 나 역시도 그런 경험이 있다. 나는 나를 험담하는 사람에게 똑같이 대응했었다. 나도 다른 친구에게 그 친구를 험담하면서 복수했다고 생각했었다. 하지만 그렇게 되자 그 친구와의 사이는 영영 멀어지게 되었다. 철없던 시절의 행동으로 친구를 잃게 된 것이다.

마음이 너그럽다는 것은 거창한 것이 아니다. 이런 사소한 험담 등에 대해서 예민하고 까칠하게 반응하지 않는 것이 진짜 마음이 넓은 사람의 소양이다. 험담을 듣는다는 것, 어쩌면 그것은 또 다른 관심과 사랑일 수도 있다. 죽고 싶을 정도로 억울하고 슬픈 일이 아니라 다른 사람들이 그만큼 자신에게 관심을 가지고 있다는 방증일 수 있는 일인 것이다.

장애에 대한 인식의 차이

무더운 여름날, 지인이 사고로 병원에 입원해 병문안을 갔었다. 정형외과 병동답게 휠체어가 병실 안에 여러 대 있었고, 골절 환자들이 많이 있는 병실이었다. 지인도 다리 골절로 한 달 정도 입원해야 한다고 했다. 다행히 수술 경과가 좋아서 별걱정은 없었다. 병문안을 마치고 돌아오는 길에 병원 엘리베이터 안에 휠체어를 탄 할머니와 단둘이 있게 되었다. 할머니는 연세가 꽤 있어 보였는데 혼자서 휠체어를 조종해서 잘 움직였다.

"할머니, 휠체어를 잘 타시네요."

연세에 비해서 정정하시고 활달해 보이는 할머니는 내 말에 빙그레 웃으셨다.

"그렇지? 난 혼자서 무엇이든 다 해. 병원에서 나 혼자 지낸다니까. 휠체어 타고 있어도 마음은 걸어 다니는 거나 마찬가지야."

과연 나였으면 저런 상황에서 할머니처럼 명랑할 수 있을까? 우리는 조그만 상처가 생겨도 매우 아파한다. 휠체어를 타고 생활해야 할 정도라면 얼마나 불편한 몸일까 싶다. 화장실에 가는 것, 머리를 감거나 세수하는 것 모두 혼자서 감당하기에는 매우 벅차다. 할머니는 그럼에도 행복해 보였다. 그 에너지는 어디서 나오는 것일까.

인생이란 언제 어떤 일이 벌어질지 모르는 불확실성을 지니고 있다. 어제까지도 멀쩡하던 사람이 교통사고가 나서 죽거나 반신불수가 되고 방금 전까지 옆에서 함께 걷던 사람이 심장마비로 쓰러지기도 한다. 사고나 질병은 언제든지 올 수 있으며 자칫 장애를 입을 수도 있다. 실제 장애는 선천적으로 타고나는 경우보다 후천적인 사고나 병으로 더 많이 생긴다. 이 짐을 평생 지고 가는 것은 만만치 않은 일이다. 다리를 절뚝이면서 평생을 살아야 한다면, 눈이 보이지 않는 상태로 나머지 인생을 살아야 한다면.

"설마, 그런 일이 내게 생기겠어?"

이렇게 안심하고 살 수도 있다. 그러나 어느 날 장애를 입게 되면 그런 생각은 이렇게 바뀔 것이다.

"내게도 이런 일이 생길 수 있구나."

장애는 신체적 장애, 정신적 장애, 심리적 장애, 심정적 장애 등으로 분류할 수 있다. 내가 병원 엘리베이터에서 만난 휠체어를 탄 할머니는 자신의 장애를 제대로 인식하고 인정하시는 분이었다. 할머니의 표정은 정말 당당해 보였다. 자신이 휠체어를 탄 것을 긍정적으로 받아들이고 있었고 자신도 건강한 사람과 다를 바 없다고 믿고 있었다. 할머니의 온몸에서 뿜어져 나오는 긍정적 에너지는 비장애인인 나보다도 열정적이었다.

장애를 갖고 있으면 신체적으로도 무척 불편하지만 아직까지 우리 사회에 팽배해 있는 장애인에 대한 차별로 인해 정신적으로 더 고통받는다. 빨리 우리 사회의 장애인에 대한 차별이 없어져야 하는 것이 우선이나 장애가 있는 분들도 자신의 처지를 지나치게 비관하기보다 아직 미흡하기는 하나 제도적 지원을 활용하여 자립 의지를 갖는 것이 중요하다.

손가락 하나 움직일 수 없는 전신마비 장애를 가진 김영관 씨는 몸이 점점 굳어지는 척수성 근위축증으로 초등학교 때부터 누워서 지내야 했다. 하지만 지체 1급 중증 장애도 그의 배움에 대한 열정을 막지 못했다. 지난 2009년 서강대에 입학해 졸업 후 법조인이 돼 대법관이 되겠다는 꿈을 가지고 도전하고 있다.

45

무시당해서 서러울 때

　행인이 자신을 무시했다고 흉기로 찌르고 달아나던 20대가 현장에서 용감한 시민에 의해서 붙잡혔다. 행인은 정말 그를 무시했을까? 전혀 그렇지 않았다는 것이 수사를 통해 밝혀졌다. 그와 행인은 생전 처음 보는 관계였으며 심지어 행인은 그에게 아무런 관심이 없었다. 그의 오해 아닌 오해가 퇴근해서 집에 가던 평범한 직장인을 희생양으로 만들고 만 것이었다. 집에서 그를 기다리던 아내와 아이들은 어이없는 오해로 가장을 잃을 뻔했다.
　무시당한다는 것은 대부분 주관적인 해석으로 판가름 난다. 즉, 무시를 당한다고 여기는 순간 자신은 무시당하는 인간이 되는 것이다. 이러한 기본적인 관계의 원리를 알지 못하는 상황에서 무시당했다면 상당히 심각한 고통을 받을 수 있다. 그대가 만약 누군가로부터 무시당한다고 여겨서 죽고 싶다면 인간관계의 원리를 익혀야 한다.

인간은 자신보다 약하게 보이는 인간을 더 짓밟으려는 악인의 본성이 있다. 모든 인간이 그러한 것은 아니지만, 상당수의 인간은 그런 악의적 본성을 숨기고 살고 있다. 약하게 보이면 우선 깔보는 것이 그들의 특성이다. 그러므로 약하게 보이지 않도록 해야 한다. 그것은 허세와 다르다. 무시하는 사람의 심리를 읽어라. 드라마를 보면 재벌가에 시집 간 가난한 며느리가 무시당하는 장면이 나온다. 착해도 무시당하고 똑똑해도 무시당하고 순진해도 무시당한다. 며느리 입장에서는 무엇을 해도 무시당한다는 말이다. 왜 그런 일이 생기게 되었을까.

그 이유는 약하게 보였기 때문이다.

"전 한 번도 저 자신을 부끄럽게 생각한 적이 없어요. 저희 친정이 가난하다고 해서 주눅이 든 적도 없고요. 왜 제가 시댁 사람들에게 무시당하고 살아야 하나요?"

며느리의 하소연에서 그녀가 자신과 자신의 집안에 대한 콤플렉스를 지니고 있음을 읽을 수 있다. 우선 자신의 입으로 친정이 가난하다고 자평하고 있으며 자신이 시댁 사람들에게 무시당하고 있다는 것을 인정하고 있다. 이 점을 인간관계론을 바탕으로 해석해보면 며느리는 자신이 가난한 집안의 딸임을 부끄러워하고 있고 시댁 사람들이 자신을 무시하는 것이 그 이유 때문이라고 확신하는 것이다. 다시 말해 며느리는 자신이 무시당한다고 여기고 있는 한 무시당하는 것에서부터 자유로울 수 없다는 뜻이다.

자신을 무시한 사람들을 가해자라고 생각하는가. 그들이 비록 비열한 의도를 가지고 그대를 무시한다고 해도 그런 생각을 가져서는 안 된다. 만약 그대가 가해자를 지목하는 순간 자신이 피해자가 되는 것을 피할 수 없을 것이기 때문이다. 물론 일부 사람들은 정말로 사람을 무시하는 행동을 일삼기도 한다. 그런 파렴치한 사람들이 적지 않다. 그러나 대부분의 경우 무시당한다고 여기는 사람의 입장에서 일방적으로 혼자 결론지은 무시가 상당수다. 혼자만의 상상력으로 자신을 무시당하는 가련한 피해자로 포장하면서 괴로워하는 사람이 너무도 많다.

일단 무시당한다고 여겨지거든 정말로 이 무시가 타당한 것인지 생각해보라. 혼자만의 상상력으로 빚어진 무시라면 당장 그 생각을 멈춰야 할 것이다. 대신 상대방이 정말로 악의적인 태도로 무시하는 것이라면 자신의 인간관계론을 새롭게 정립해야 한다. 자신이 약해 보이지 않았는지 점검하라.

약해 보인다는 것은 이런 의미다. 자신과 자신의 배경에 대해 숨기고 싶어 하는 것, 자신의 과거에 대해 떳떳하지 못한 것, 미래에 대한 부정적인 생각을 품고 살아가는 것. 이러한 약한 면은 다른 인간을 무시하고 싶은 악의적 본성을 지닌 사람들에게 훌륭한 먹잇감이다. 이와 반대로 한다면 무시당하는 일은 더 이상 일어나지 않을 것이다. 그만큼 자신에 대해 자부심이 강해질 것이기 때문이다.

46
친구의 배신으로 누구도 믿지 못한다

몇 년 전 자살한 스타의 매니저가 그가 생전에 통장에 넣어둔 돈을 인출해서 쓰다가 검거되었다. 상식적으로 매니저는 스타와 가장 친근한 관계다. 스타가 살아생전 수족처럼 함께 하던 매니저가 고인의 통장에 든 돈을 슬쩍 빼 쓴 것은 세상을 경악하게 만들었다. 스타는 죽어서 친구에게 배신당한 셈이다. 친구란 관계는 매우 특별하다. 한 연구결과는 인간은 친구와 함께 있을 때 가장 스트레스를 덜 받는다고 한다. 그만큼 친구는 편안한 존재다. 그런 친구이기에 부모에게도 배우자에게도 하지 못한 말들을 털어놓곤 하는 것이다. 그런데 몇몇 친구들은 친구를 자신의 출세나 이익을 위한 도구로 여기고 산다. 그래서 배신하기도 한다.

그대가 지금 친구의 배신으로 힘들고 괴롭다면 어떻게 해야 할지 함께 고민해보자. 우선 배신자의 행태를 살펴보면 이러하다. 배신자는 처음에는 견고한 믿음을 준다. 세상에 둘도 없는 사람처럼 믿음을 주는 척한다. 친구를 속여서 이득을 취하려는 사람이라면 평소와 다르게 지나친 친절과 호의를 베풀 가능성이 크다. 그래야 자신이 의도하는 바를 이루기가 쉽기 때문이다. 그렇지만 배신자의 호의나 친절은 마지막에 이르러서는 악마의 미소로 변한다. 믿음을 주기 위해 썼던 가면을 벗고 자신이 원하던 바를 챙겨서 도주하거나 안면을 바꾼다. 그토록 다정했던 친구가 언제 그랬냐는 듯 차디찬 얼굴을 드러내는 것이다. 이런 배신자의 행태는 배신이 무엇인지를 다시 생각해보게 한다.

    배신은 믿음에 대한 저버림이다. 지금 그대가 힘들고 괴로운 이유는 단지 몇 푼의 돈을 잃어서가 아니라 믿음에 대한 저버림을 당했기 때문이다. 인간은 믿음으로 서로의 사랑을 확인한다. 친구 간에도 그러하다. 우정도 서로 얼마만큼 믿고 있느냐가 중요하다. 이런 믿음이 상실될 때 받는 심적 타격은 사람을 죽음으로 이끌 만큼 크다.

    그대의 친구가 배신했어도 우정을 지킬 의무가 그대에게 있다. 그렇게 해야만 그대의 우정만이라도 진실한 것이 되기 때문이다.

    날 속이고 내 돈을 빼앗아 간 친구를 우정이라는 이름으로 용서하겠다고 말할 수 있겠는가. 우정은 친구를 향한 사랑의 마음이고 용서의 마음이다. 배신자의 행위는 용납하기 어려운 일일 수 있다. 하지만 친구란 존재는 언제까지나 친구다. 그가 비록 어떤 이유에서 그런 잘못된 행위를 저질렀을지 모르지만 친구다. 친구의 잘못까지도 받아들이고 이해할 수 있는 사람이 되라. 자신에게 배신이라는 선물을 안겨준 친구를 기꺼이 용서하자. 친구란 그런 것이다. 잘할 때나 못할 때나 그에 대해 한결같은 사랑을 주는 것이 친구다. 그대가 한때 마음을 주었고 기대었던 친구임을 잊지 말기 바란다. 그 친구가 배신한 데는 그럴만한 사정이 있었나 보다, 라고 생각하자.

"그래. 그 친구에게도 무슨 사정이 있었던 거야. 피치 못할 사정이 있어서 이런 행동을 한 거구나. 지금은 비록 네가 내 곁을 떠났지만 난 너의 진심을 믿을게. 우리의 우정은 영원히 지속할 거야. 너를 믿고 기다리겠어."

사람은 누구나 잘못을 한다. 그것을 낙인으로 찍어서 친구라는 명단에서 그 친구를 지워내 버리겠는가. 다시 한 번 기회를 주고 기다려주겠는가. 인간은 신이 아니므로 언제든 잘못을 저지르게 되어 있다. 배신이란 것도 일종의 잘못된 행동이다. 친구의 믿음을 이용해서 사사로운 이익을 추구하였기 때문이다. 그렇더라도 우리는 배신한 친구를 보듬어 안아야 한다. 그것이 한때 친구라는 이름으로 함께 한 우리들의 추억에 합당한 처신이다.

47
명예욕의 허상

보통 사람들은 잘 알려진 인물들에게 더 엄격한 도덕성을 요구한다. 다른 사람들에게 끼치는 영향이 넓기 때문이다. 특히 지위가 높거나 연예인인 경우 비난의 소리가 매우 높다.

사찰 벽화에서 보이는 아귀라는 중생은 커다란 배에 아주 가느다란 목을 하고 있어 굉장히 독특한 느낌을 준다. 항상 배가 고파서 고통받고 있는 어떤 중생의 모습을 표현한 것으로 어떤 불전에는 아귀의 종류를 36가지나 열거하고 있다고 한다. 배가 가득 차도록 먹었는데도 계속 먹고 싶어 하는 아귀, 아무리 먹어도 배가 부르지 않는 아귀, 시체에 고인 물밖에 먹을 수 없는 아귀도 있다고 한다. 그런데 이런 아귀의 모습이 현실에서도 많이 보인다. 하루하루를 살아가면서 만족할 줄 모르고 끊임

없이 욕망을 추구하는 모습이 마치 아귀와도 같다. 불교에서는 인간이 끝없이 추구하는 욕망을 다섯 가지로 들고 있는데 재물에 대한 욕망, 이성에 대한 욕망, 음식에 대한 욕망, 명예를 추구하는 욕망, 수면에 대한 욕망이다. 이 욕망들 중 가장 문제가 심각한 것이 명예욕이라 할 수 있다. 명예욕은 다른 네 가지 욕망보다 은밀하게 작용하고 다른 사람은 물론 자신을 속이기 쉽다. 또한 자신의 자질이나 능력과 상관없이 지위만 탐내는 마음으로 대의명분을 앞세워 자신을 길들이고 대중에게 접근하기도 한다. 명예욕은 먹어도 먹어도 배고파하는 아귀처럼 만족할 줄 모르는 속성을 지녔기 때문에 매우 위험하다.

하지만 명예를 얻었다는 것은 그만큼의 사회적 책임이 따른다는 것을 한시도 잊어서는 안 된다. 잘못된 행동으로 지금까지 구축해온 명예에 누가 될 것 같으면 진심으로 사과하고 자리에서 깨끗이 물러나야 한다.

명예를 잃었다고 자학하지 마라. 그것에 집착하지 말아야 한다. 바람직하게 얻어진 명예라면 겸손해야 하고 잃게 되더라도 자신의 전부를 잃었다고 좌절하지 말자. 그것이 인생의 전부가 될 수 없다. 한때의 영화요, 허상이 이제 다시는 아귀와 같은 명예를 추구하면 안 될 것이고 도덕적이며 양심적인 자신의 삶을 살아야 한다.

48

주름이 많아서 스트레스를 받는다

최근 흥미로운 기사 하나가 사람들의 이목을 사로잡았다. 바로 주름에 관한 뉴스다. ABC 뉴스 등이 발표한 바로는 트럭을 운전하는 69세 사나이의 얼굴이 비대칭적으로 늙었다는 내용이었다. 오른쪽 얼굴은 오십 대 정도로 젊어 보였고 왼쪽 얼굴은 팔십 노인처럼 늙어 보였다. 이처럼 오른쪽과 왼쪽의 얼굴이 다르게 보인 이유는 주름 때문이었다. 직업 때문에 매일 운전석에 앉아 도로 위를 달리다 보니 창가 쪽 얼굴 피부가 심하게 노화된 것이었다. 도저히 한 사람의 얼굴이라고 볼 수 없을 정도였다. 이런 일은 극히 특별한 사람에게나 일어나는 일일까?

슬프게도 주름은 나이가 들수록 누구에게나 생기게 되어 있다. 그런데 젊은 시절에는 그런 것을 이해하지 못하기도 한다.

"내 얼굴에 주름이 생긴다고? 말도 안 돼!"

그리고 주름이 가득한 할머니나 할아버지들을 보면서 참 안쓰럽다고 생각한다. 자신은 언제나처럼 팽팽한 피부를 유지할 것만 같기 때문이다. 나 역시도 20대 초반까지는 그런 생각을 했던 것 같다. 어른들의 얼굴에 마구 그어진 주름을 보면서 안타깝다는 생각을 했다. 그런데 20대 중반이 되기도 전에 난 내 얼굴에 생긴 팔자주름을 발견하게 되었다. 그건 있을 수 없는 일이었다. 어느 날 거울을 보니 실금 같은 게 입가에 그어져 있었다. 그게 주름이라는 걸 깨닫게 되자 울적해졌었다.

"나도 이제 늙는 구나……."

이처럼 주름은 늙어가는 것의 척도다. 주름이 많고 적은가에 따라서 노안, 동안으로 나뉘기도 한다. 같은 나이라도 주름이 많은 사람이 있고 유난히 적은 사람도 있다. 주름이 많으면 확실히 늙어 보인다. 그래서 사람들은 주름 때문에 스트레스를 많이 받는다. 내 친구 중의 한 명은 번데기처럼 얼굴에 주름이 많이 있었다. 그 친구는 같은 연령대의 우리보다 십 년은 더 늙어 보였다. 그런데도 늘 싱글벙글 웃었다.

"얘. 웃으면 주름 더 생길라. 그만 웃어."

농담으로 누군가 그렇게 말하면 그 친구는 주름살에 개의치 않고 웃곤 했다. 성격 좋은 친구는 얼굴에 주름살은 많았지만, 마음의 주름살은 거의 없었던 것 같다. 하지만 이처럼 주름살에 개의치 않고 사는 사람이 되기란 쉽지 않다. 왜냐하면 주변에서 주름이 많은 사람을 보면 한마디씩 하기 때문이다.

"얼굴이 그게 뭐니? 관리 좀 해라. 너무 늙어 보여!"

이런 말을 듣고 속상하지 않은 사람이 어디 있을까. 지금 그대가 주름 때문에 속상하다면 난 그 심정을 충분히 공감한다. 나이 먹는 것도 서러운데 얼굴까지 쭈글쭈글 탄력을 잃고 주름이 한 가득이라면 얼마나 눈물겨운 일인가. 그렇더라도 희망을 버리지는 말자. 주름이 생기는 시기를 늦출 수 있다. 같은 나이라도 피부 나이는 다르게 나온다. 얼마나 관리를 잘했느냐에 따라서 늙어 보일 수도 젊어 보일 수도 있다. 우선 주름이 생기는 원인을 파악하자.

첫 번째 원인은 햇빛이다. 자외선이 진피층에서 만들어지는 콜라겐과 히알루론산을 파괴시켜서 주름이 생기게 되는 것이다. 이런 피부의 최대 적인 자외선에 무방비로 노출되지 않도록 신경 쓰자. 모자나 양산을 쓰고 자외선 차단제를 바르라. 자외선 차단제를 바르기 귀찮다면 자외선 차단이 되는 파운데이션이나 팩트, 비비크림을 발라도 좋다.

두 번째 원인은 베개에 얼굴을 묻고 자는 습관이다. 이 습관은 주름 형성에 크게 기여한다. 옆으로 누워서 잘 때 주름이 생기지 않도록 유의하고 될 수 있으면 똑바로 누워서 자는 게 좋다.

세 번째 원인은 술과 흡연이다. 술과 흡연은 피부의 적이다. 술을 마시게 되면 수분이 손실이 생긴다. 이 때문에 피부가 거칠어지는 것이다. 또한 뾰루지가 생기게 하고 여드름을 악화시킨다. 담배는 피부 단백질의 주요 구성 성분인 콜라겐을 파괴한다. 또한 흡연은 콜라겐을 감소시키는 행동이다. 콜라겐이 줄어들면 주름이 늘어나고 탄력이 떨어지게 되어 전체적으로 피부노화가 진행될 수밖에 없다. 흡연은 얼굴에 혈액이 공급되는 것에 지장을 주어서 안색을 누렇게 만든다. 아름다운 피부를 원한다면 금연과 금주는 필수다.

이런 안 좋은 원인들을 피하고 다음과 같은 몇 가지를 지키면 주름이 생기는 걸 방지할 수 있다. 세안 후에는 보습에 신경 쓸 것, 피부는 잠잘 때 재생되므로 잠을 충분히 잘 자도록 할 것, 일주일에 최소 한 번 이상 유산소 운동을 할 것, 자외선 차단제를 바를 것, 피부에 적합한 상태의 온도 20~22도를 유지하고 50~60%의 습도를 유지할 것. 사과, 브로콜리, 시금치, 오이 등의 채소와 과일을 충분히 섭취할 것.

주름이 많다고 죽는다면 농촌에 사는 농부들은 이미 다 저세상 사람이 되어 있어야 할 것이다. 농촌에서 일하는 농부들은 자외선에 고스란히 노출된 채 일한다. 그들의 얼굴은 도시 사람들의 얼굴에 비해서 주름이 현저히 많다. 하지만 아무도 농부들을 보면서 주름이 많다고 손가락질하지는 않는다. 그 주름이야말로 우리 쌀을 지키고 우리의 농산물을 일구는 땀의 결실임을 알기 때문이다. 그리고 그런 주름이 가득한 어머니, 아버지가 계시기에 지금의 우리들이 있음을 알기 때문이다. 그대의 주름은 인생이 수여한 특별 훈장이다.

49
배려와 소통의 필요성

　새로운 동네로 이사를 오고 얼마 지나지 않아 벌어진 일이다. 어느 날부턴가 천지가 진동하는 요란한 소리가 들리기 시작했다. '이게 무슨 소리야?' 상수도관 교체를 위해 도로에서 공사를 한다는 내용의 안내판을 세워두고 갖가지 중장비를 동원해서 땅을 파헤치고 있었다. 얼마나 시끄럽던지 도로공사 현장과 꽤 거리가 있는 우리 집까지 그 소리가 들렸다. 도시에 살면서 우리는 여러 가지 소음에 노출될 수밖에 없다. 자동차 소음, 공사장에서 나를 소리, 공동주택의 층간 소음 등 우리의 일상을 괴롭히는 갖가지 소리들이 있다.
　최근 들어 공동주택에 사는 이웃 간의 층간 소음 갈등으로 살인, 방화 사건이 연이어 일어났다. 전 국민의 71% 정도가 공동주택에서 생활하는 주거 형태를 가진 우리나라에서는 층간 소음으로 인한 이웃 간의 불화는 심각한 문제라고 볼 수 있다.

층간 소음 문제가 많은 사람들에게 스트레스를 주는 이유는 이웃 간에 지켜야 할 예의 범주가 매우 주관적이기 때문이다. '이 시간엔 괜찮겠지. 이 정도는 괜찮을 거야.'라는 생각에서 갈등이 시작된다. 또 소음으로 인한 심리적 피해는 사람마다 그 정도가 달라 객관화하기 어려워 자칫 '너무 예민한 사람'으로 낙인찍히기 십상이다.

일본의 경우 국민의 47% 정도가 아파트나 연립, 다세대 주택 등의 공동주택에 거주한다. 그러나 층간 소음 문제가 우리나라만큼 심하지는 않다. 일본인들은 남에게 피해 주는 것을 몹시 싫어해 서로 배려하면서 조용히 생활하는 게 습관화되어 있다고 한다. TV도 최대한 소리를 낮추고 시청하며 애완동물을 키울 수 있는 공동주택과 안 되는 곳도 있고 소음을 줄이기 위해 복도에 카펫을 깔기도 한다.

호주의 경우는 이웃 간에 소음으로 갈등이 생겨도 직접 찾아가 목소리를 높이지 않는다고 한다. 먼저 자신의 상황과 불편함을 호소하는 내용의 편지를 보내고 이것이 별로 효과가 없으면 지역 자문위원회나 아파트 관리사무소에 연락해 경고 공문을 보낸다고 한다. 그래도 나아지지 않으면 그제야 경찰을 부르거나 법적 조치를 취한다.

주위 사람들을 전혀 배려하지 않고 집 안에서 뛰거나 새벽이나 자정이 넘어 청소기를 돌리는 경우가 있다. 밑층에 사는 사람은 그 소리에 고통을 받고 있지만, 위층 사람들은 그 정도의 소음은 감수해야 하는 것으로 생각한다.

   호주나 일본의 사례처럼 우리는 좀 더 이웃을 배려하고 서로 소통의 장을 늘려야 한다. 세상살이가 점점 복잡해지고 각박할수록 사람들은 자신, 내 가족만 중요해지고 주변을 둘러볼 여유가 없다. 그렇지만 이웃의 고통과 어려움을 이해하면서 자신의 행동을 반성하고 대화로서 문제를 해결하고자 소통의 기회를 먼저 갖는 것이 필요하다.

50

사람이 무섭다

요즘처럼 사람이 무서운 적도 없는 것 같다. 인육을 목적으로 한 살인이 의심되는 사건이 발생하는가 하면 정말 믿었던 사람에게 뒤통수를 맞는 일도 발생한다. 사람이 사람을 무서워한다는 것은 어쩌면 이 사회의 슬픈 단면이 아닐까 싶다. 어두운 밤길을 걸을 때 가장 두려운 건 사람을 만나는 것이라는 이야기가 있다. 그 말이 의미하는 것은 사람에게 가장 해를 끼치는 존재는 바로 사람이라는 것일 것이다. 얼마 전 친구로부터 이런 말을 들었다.

"난 요즘 사람이 무서워."

난 그 말에 적극적으로 공감했다. 무슨 이유에서건 사람이 무서워지기 시작하면 사는 맛이 나질 않는다. 그 사람에 대한 공포심 때문에 일상

생활에 타격을 입게 되기 때문이다. 그대가 두려워하는 사람은 불특정 다수의 사람이거나 혹은 특정한 한 개인이라고 볼 수 있다. 우선 불특정한 다수의 사람들이 무서울 때 그 원인을 생각해보자.

첫 번째, 다수의 사람들이 두려워진다는 것은 현상에 대한 두려움일 경우가 가장 크다. 즉, 다음과 같은 현상에 대한 두려움들이다.

폭력의 대상이 되는 것, 따돌림의 대상이 되는 것, 경제적 피해자가 되는 것, 사회적 약자가 되는 것 등. 이런 현상에 대한 두려움들이 사람에 대한 두려움으로 이어진다. 다시 말해서 불특정한 사람들이 자신에게 폭력을 가할 것 같은 두려움, 자신을 외면할 것이라는 두려움, 금전적으로 손해를 볼 것 같은 두려움, 사회적 약자로 추락할 것이라는 두려움 등이 사람 전체에 대한 무서움으로 확장되는 것이다.

두 번째, 특정한 개인이 두려워진다는 것은 개인에 대한 불신과 원한이 원인일 경우가 크다. 즉, 그 사람에 대한 원천적인 불신과 맹목적인 두려움이다.

상대방에게 일방적으로 혼날 것이라는 두려움, 일방적으로 맞을 것이라는 두려움, 일방적으로 손해 볼 것이라는 두려움. 여기에서 주의해서 살펴보면 '일방적'이라는 말이 공통으로 들어간다. 우리가 특정한 한 사람에게 두려움을 느끼는 것은 일방적으로 그에게 당할 것이라는 생각이 깔려 있다. 자신의 힘이 그에 비해서 모자란다고 여겨질 때 두려움이 커지는 것이다.

어린아이와 조폭을 앞에 두고 생각해보자. 누구에게 두려움이 느껴지는가. 모든 이들이 조폭이라고 대답할 것이다. 그런데 겉모습만 보고 그런 판단을 하지는 않았는지 생각해볼 일이다. 지금 그대 앞에 있는 조폭이 사실은 조폭생활을 방금 청산하고 착하게 살고자 하는 사람일지도 모른다. 단지 조폭의 외모여서 그를 무서워하지는 않았는지 다시 점검해보자. 사람이 무섭다는 것은 사람에 대한 불신이 매우 큰 역할을 한다. 저 사람을 믿을 수가 없다고 여겨질 때 그가 무서워지는 것이다. 왜냐하면 그가 어떤 행동을 할지 예측할 수가 없기 때문이다.

사람이 무서워서 힘들다면 어떻게 해야 할까. 일단 자신이 두려워하는 사람의 실체를 알 필요가 있다. 지금 당장은 그 사람이 사나운 존재로 여겨질지 모른다. 그렇지만 알고 보면 그도 나약한 한 인간일 뿐이다. 그런 면에서 본다면 개인이건 불특정 다수의 누구건 사람은 무서운 존재가 아니라 가엾고 동정해야 할 존재들이다. 그러므로 그대를 두려움에 떨게 한 그 사람에 대해 공포심을 버리고 동정심을 가져라. 그렇게 마음가짐을 바꾸고 그를 보면 두려움으로 인해 볼 수 없었던 그의 인간적인 면도 보일 것이다.

예전에 살벌하고 무서운 호랑이 선생님이 계셨다. 학교에 가는 게 싫을 정도로 무서운 선생님이셨는데 수십 년이 지나서 우연히 선생님을 뵙게 되었다. 훌쩍 흘러버린 세월만큼 하얗게 늙어버리신 선생님은 더 이상 무서운 존재가 아니었다. 그 선생님 덕분에 수학 공부를 더 열심히 하게 된 것을 감사하게 되었다. 현재는 그가 세상에서 가장 두려운 존재 같아도 세월이 흘러보면 그도 한 인간이었음을 알게 될 것이다. 공포는 우리의 눈을 멀게 한다. 공포심을 이길 줄 알아야 인생을 즐길 수 있게 된다. 사람은 두려운 존재가 아니라 가엾게 여김을 받아야 하는 존재다.

51

친구들이 괴롭혀서 혼자 있는 시간이 많다

빵 셔틀이 있다고 한다. 약하게 보이는 친구 한 명을 골라서 빵을 사오라고 시키는 것인데 일종의 학교폭력이다. 빵 셔틀은 담배 셔틀로 이어지고 다시 신체적인 폭력으로도 이어진다. 여러 가지 학교 폭력으로 학생들의 피해가 심각해져 사회문제로 대두되고 있다. 그런데 가만히 생각해보면 나의 어린 시절에도 그런 종류의 폭력에 관한 소문이 들리곤 했다.

"선배들이 어떤 친구를 혼내주었다더라."

다만 그 시절에는 지금과 같이 학교폭력이라는 개념 자체가 확립되지 않아서 신고율이 저조했기 때문에 통계에 잡히지 않았다. 학교 선배도 친구의 원안에 포함된다. 선배라고 해서 후배를 때리거나 괴롭힐 자격이 있는 건 아니다. 오히려 선배라면 후배를 바르게 인도하고 지켜 주어야 할 의무를 지니고 있다.

한 학생이 아파트 옥상에서 떨어져 내리기 바로 전에 엘리베이터 안에 서 있는 화면이 CCTV에 포착되었다. 아이는 그 전날 맞은 허리가 아픈지 한쪽 허리를 부여잡고 위태롭게 서 있었다. 그것이 그 아이의 마지막 모습이었다. 얼마나 힘들었을까. 학생의 몸은 비쩍 말라 있었다. 친구들이 괴롭혔기 때문이다. 아이의 사망 후 밝혀진 사실에 의하면 몇몇 친구들이 지속해서 아이를 괴롭혔다. 하루 종일 감시하고 각종 심부름은 기본이고 부모님이 안 계실 때 집에까지 찾아가서 때렸다. 그럼 왜 아이는 그 사실을 부모님께 말하지 않았을까. 그랬다면 지금과는 다른 결과가 있지 않았을까 의구심이 들 것이다. 아이의 입장에서 그 사실을 말하기는 쉽지 않았을 것이다. 친구들과의 일을 부모님께 일일이 일러바친다는 것은 자신의 자존심에도 상흔을 남긴다.

친구는 동등한 관계다. 이런 동등한 관계의 틀을 거부하고 일종의 상하관계를 만들려고 하는 것 자체가 잘못된 것이다. 친구를 부하처럼 부리고 아랫사람처럼 함부로 대하면서 자신은 친구 위에 군림하는 것이 친구를 괴롭히는 사람의 특징이다. 그런 군림은 아무런 이득이 없는 행동이다. 자기 자신을 위해서도, 상대방인 친구를 위해서도, 양측 부모님과 학교 측, 이 사회 모든 사람들에게 아무런 도움이 되지 않는 행동이다. 모두에게 고통을 주는 행동이다. 그런 잘못된 관계를 지속하려고 하면 할수록 피해자인 친구는 죽음에 대해서 생각하게 되는 것이다.

"이 상황에서 벗어나려면 내가 죽는 수밖에 없어."

이런 생각에 사로잡히게 되면 위험하다. 자신이 만약 이런 피해를 당하고 있다면 친구들의 괴롭힘을 혼자서만 끌어안고 해결하려고 하지 말아야 한다. 어려움은 소문을 내야 한다. 어른이 왜 어른일까. 어른들은 온갖 세월을 이겨낸 살아 있는 장본인들이다. 어른에게 자신의 처지를 이야기하라. 어른들도 그런 혼돈의 시기를 지나왔다. 어른들도 학교폭력을 겪어왔으며 그 해결책을 잘 알고 있다. 부모님을 믿고 괴롭힘당한 이야기를 허심탄회하게 말할 수 있는 자녀가 되어야 한다.

이 세상에서 가장 많이 나를 사랑하는 사람은 부모님임을 기억하자. 자신을 사랑하는가. 그렇다면 지금 당장 가슴속에 묻어두고 있는 피해 사실을 부모님께 털어놓아라. 부모님이 안 계신다면 현명한 어른을 찾아가 이야기하라. 괴롭힘당하는 건 참는 것이 능사가 아니다. 그런 일은 하루라도 빨리 발설해야 하는 일이다.

52
귀중한 물건을 도둑맞아서 속상하다

수업시간에 친구가 물건을 분실해서 반 전체가 벌을 받은 기억은 누구나 한 번쯤 있을 것이다. 내 기억 속에도 잃어버린 친구의 물건을 찾기 위해 선생님께서 반 전체에게 벌을 준 기억이 있다. 책상 위에 올라가 두 팔을 번쩍 들고 1시간 동안 무릎 꿇고 있던 기억이 난다. 버스에 지갑을 놓고 내리는 일은 흔하다. 가끔은 그 반대로 버스나 길거리에서 돈을 줍기도 한다. 어느 집 빨랫줄에 널어놓은 여자 속옷을 훔쳐가는 좀도둑에 관한 뉴스도 가십거리에 종종 실린다.

사람들은 살면서 자신이 귀중하게 여기는 것 몇 개쯤 가지고 산다. 다이아몬드 반지, 금목걸이, 추억이 있는 앨범, 대회에서 탄 각종 상장과 트로피, 집안 대대로 내려오는 가보, 선물 받은 비싼 시계 등. 이런 귀중한 물건은 항상 신경을 써서 관리를 한다. 혹시라도 귀중한 물건을 가지고 외출이라도 하면 여간 신경 쓰이는 게 아니다. 만약에 분실이라도 했다가는 그 귀중한 물건을 잃어버린 것에 대한 안타까움을 감당해내야 하기 때문이다.

엄청나게 귀중한 물건이라도 사람만큼 귀중한 것은 없다. 바로 자기 자신만큼 귀중한 물건이란 없다는 것을 잊지 말자. 도둑맞은 물건을 다시 찾기는 쉽지 않을 것이다. 범인을 잡아서 물건을 되찾으면 좋겠지만, 그것보다는 찾지 못하는 경우가 더 많다. 잃어버린 물건에 연연해서 현재의 행복을 놓치고 있지는 않은가.

세계에서 가장 비싼 보석을 도둑맞은 사람이 그대라고 해도 이젠 그만 슬퍼해야 한다. 속상하다고 해서 도둑이 "많이 속상해하시네요! 죄송합니다. 제가 이러실 줄 모르고 훔쳐 갔습니다. 다시 가져왔으니 속상해하지 마시고 기운 내세요."라고 하지는 않는다. 물건에 대한 집착처럼 헛된 것도 없다. 제아무리 값지고 소중한 것이라도 물건은 물건일 뿐이다. 잃어버린 물건을 신경 쓸 시간에 차라리 지금 자신에게 있는 물건을 챙기는 게 더 나을 것이다. 도둑맞은 그 순간, 그 물건은 이미 자신의 것이 아닌 것이다. 이젠 내 것이 아니구나, 이렇게 자신에게 말해주어라.

순환의 관점에서 본다면 도둑맞은 것도 인생의 순환원리가 작용한 것인지도 모른다. 내게 있어야 마땅한 물건이란 없다. 내가 가지고 있는 돈, 내가 가지고 있는 보석, 내가 가지고 있는 자동차, 내가 가지고 있는 스마트폰 그 모든 것들이 내일 다른 누군가의 것이 될 수도 있다. 사람도 태어나고 살고 죽고 다시 태어나고 살고 죽듯이 물건도 한때는 내 손에 들어와서 아끼고 정들었어도 언젠가는 내 손을 떠나게 되는 것이다. 귀중한 물건으로 그동안 행복했다면 그것으로 만족하는 사람이 되자.

53

성폭행 당해서……

집안에서 가족들과 함께 자고 있던 소녀를 덮고 있던 이불 통째로 납치해서 성폭행한 사건이 발생했다. 범인은 소녀를 성폭행한 후에 대로변에 버려놓았다. 다행히 생명에는 지장이 없었으나 이 사건으로 소녀는 심한 정신적, 육체적 상처를 입었다. 또 어떤 소녀는 늙은 남자에 의해 무참하게 성폭행을 당한 후에 대장이 파열되는 등의 심각한 상처를 입어 평생 장애를 입고 살게 되었다. 한동안 전국을 떠들썩하게 만들었던 지체장애인들에 대한 원장의 성폭력 사건을 비롯해 수많은 성폭력 사건이 지금 이 시각에도 일어나고 있다. 심지어 친아버지가 친딸을 수십 년간 성폭행한 경우도 있다.

성폭행 사건의 경우 모르는 사람보다는 평소에 알고 지내던 사람에 의해 일어나는 경우가 더 많다. 그래서 성폭행을 당한 피해자는 더욱더 큰 충격을 받게 되는 것이다. 물론 낯선 이에 의해서 성폭행을 당하는 경우도 있다. 길을 걸어가다가 끌려가서 성폭행당한 사건도 상당수다. 성폭력은 폭력과 유사하지만 특별한 점이 있다. 그건 차마 말 못 할 고통을 수반하고 아주 오랫동안 흔적이 남는다는 것이다. 여기에서 흔적이란 마음의 상처를 의미한다.

옆집에 살던 언니가 성폭행을 당했다는 소문이 온 마을에 퍼졌었다. 그 언니는 얼마 후에 가족들과 조용히 이사를 하고 말았다. 옆집 언니를 성폭행한 사람은 바로 뒷집에 살던 아저씨였다. 그런데 옆집 언니네가 이사를 한 후에도 아저씨는 아주 뻔뻔하게 잘 살았다. 왜 피해자는 도망치듯 이사를 하고 가해자는 큰소리치면서 잘 사는 걸까. 우리 사회에서 여자가 성폭행을 당하면 곱지 않은 시선이 따라가곤 하기 때문일 것이다.

"얼마나 꼬리를 쳐댔으면"

"바람기가 있어 보이더니만."

꼬리를 친 사실도 없고 바람기는 더더욱 없는 피해자가 대부분이다. 그럼에도 불구하고 여자가 성폭행의 피해자가 되면 이런 말도 안 되는 구설에 오르곤 한다. 그러나 자세히 보면 여자만 성폭행을 당하는 건 아니다. 남자도 성폭행을 당할 수 있다. 그러므로 성폭행의 피해자는 남자,

여자라는 성별을 구분할 필요가 없다. 누구나 성폭행의 피해자가 될 수 있다.

성폭행을 당한 사람은 자신의 억울함을 누구에게도 쉽게 털어놓지 못한다. 심지어 부모님에게조차도 말하기 어렵다는 걸 너무나 잘 이해한다. 말할 용기가 있다면 경찰서에 신고를 해서 범인을 검거하고 재발을 막는 것이 좋다. 하지만 차마 그런 용기를 내지 못할 수도 있을 것이다. 성폭행 피해 사실을 혼자만 가슴에 간직하면서 평생을 사는 사람이 되고 싶다면 그렇게 해도 괜찮다. 누구도 그런 그대를 비난하지 않을 것이다. 나는 그것도 좋은 방법이라고 생각한다. 굳이 다른 사람에게 알려서 2차 피해를 당할 필요는 없을 것이다. 만약 그대가 그 방법을 택했다면 이젠 죽고 싶다는 유혹을 물리쳐야 할 것이다. 우리는 비밀의 방을 하나씩 가지고 있다. 그 방에는 다른 사람에게 말할 수 없는 자신만의 이야기들을 간직해둔다. 성폭행을 당한 사실을 평생의 비밀로 간직하고 싶다면 그렇게 하면 된다.

혹시 '내 인생이 여기서 끝났다.'라는 부정적인 단정으로 자신을 괴롭히지 않았는가. 그대는 아무런 잘못이 없으니까 자신을 학대해서는 안 된다. 오히려 상처 입고 풀죽은 자기 자신을 위로하고 다독여주어야 한다.

'이 일은 나의 의지와는 상관없이 벌어진 일이야. 내가 선택한 일이

아니잖아. 난 아직도 여전히 순결하고 깨끗해. 난 나 자신을 사랑해.'

   성적 폭력을 당한 후에는 여러 가지 후유증이 따를 수 있다. 대인관계에 대한 회피, 내적인 혼란, 성에 대한 부정적인 인식 등. 성폭력을 당한 사람이 훗날 원만한 연애, 결혼생활을 하기가 어려운 것은 이 후유증을 제대로 치료하지 않아서일 가능성이 높다. 성폭력에 따른 후유증을 극복하는 길은 자신의 순결이 아직도 견고하다는 사실을 받아들이는 것부터 시작된다. 그대의 순결은 짓밟히지 않았다. 그대가 **빼앗겼다고** 생각하는 건 순결이 아니라 잠깐의 시간이다. 그 시간은 기억 속에서 없어지지 않겠지만, 그 시간을 잊을 수 있어야 한다. 또한 그 시간을 순결함을 **빼앗긴** 시간이 아니라 잠깐의 불쾌한 시간이었다고 여겨라.

미움받아서 괴롭다

인간은 누구나 사랑받길 원한다. 아무리 냉혈한이라고 하더라도 자신을 미워하는 사람이 있다는 걸 알게 되면 속상하다. 사랑받고 싶어 하는 인간의 내적 욕망은 여러 가지 행동으로 표출된다. 자신이 맡은 일을 열심히 하는 것도 일종의 사랑을 받기 위한 행동이다. 학생이 공부를 열심히 하는 것은 부모님께 사랑받고 싶어 하는 내면의 심리도 포함되어 있다고 볼 수 있다. 남편이 성실하게 직장에 나가는 것도 아내와 자녀들에게 사랑받고자 하는 의지가 내포되어 있다고 할 수 있다. 그런데 이런 사랑을 받고 싶은 인간의 바람에 찬물을 끼얹는 일이 있다. 바로 미움을 받는 것이다. 이 세상 그 누구도 자발적으로 미움받고 싶은 사람은 없다. 그만큼 미움받는다는 건 유쾌하지 않은 일이란 뜻이다.

학창시절에 친구가 이런 고민을 털어놓은 적이 있다.

"우리 엄마, 아빠는 나만 미워해!"

"왜 너만 미워할까? 혹시 네가 오해하고 있는 건 아니니?"

분식집에 모여 앉은 우리들은 그 친구의 고민을 공유했다. 난 친구에게 다음과 같이 질문했다.

"네가 혹시 오해하는 것 아닐까?"

"오해는 무슨? 우리 언니랑 오빠에게는 해달라는 것 다해주시고 난 무슨 말만 하면 혼내신단 말이야. 미움받는 것도 이젠 지겹다."

친구의 고민은 장난이 아닌 것 같았다. 아직 어렸던 우리들은 그저 친구의 고민에 같이 아파해줄 수밖에 없었다. 그러나 지금 내가 그 시절로 타임머신을 타고 돌아갈 수 있다면 조금은 더 현실적이고 현명한 충고를 해줄 수 있을 것 같다.

"정말 속상하겠구나. 마음이 많이 다쳤겠다. 하지만 잘 생각해 봐. 부모님께서 널 얼마나 많이 사랑하는지 알 수 있을 거야."

미움받고 있다는 걸 느끼는 건 인간의 직감력이 발휘되기 때문이다. 우리는 어떤 사람이 날 좋아하는지, 싫어하는지, 미워하는지를 알 수 있는 감각이 있다. 그래서 미움받고 있다고 느꼈다면 상대방이 자신을 미워한다는 걸 감지하였다고 볼 수 있다. 누군가에게 미움받고 있다는 건 썩 기분 좋은 일은 아니다. 인간은 사랑받길 원하는 존재이기 때문이다.

자신을 미워하는 사람 때문에 힘든 상황이라면 어떻게 해야 할까. 미움 받고 있다고 괴로워하지 않으려면 미움 건너편에 있는 사랑을 발견해야 한다.

A가 B를 미워한다면 그것에는 반드시 이유가 있다. B가 A에게 잘못을 했든지, B가 A에게 질투심을 일으킬만한 훌륭한 일을 했든지, B가 A를 화나게 했든지 혹은 A가 잘못된 판단으로 B를 미워하고 있을 수도 있다. 이런 다양한 이유들을 잘 살펴보자. 한 사람이 다른 한 사람을 미워한다는 건 그 사람에 대한 관심이 있을 때야 가능한 일이라는 것을 우리는 알 수 있다. 즉, A와 B가 서로를 전혀 모르고 있는 상태라면 미움이라는 건 존재할 수조차 없다는 말이다. 이 말을 뒤집어 보면 A와 B는 사랑하기 때문에 미워할 수도 있는 사이가 되는 것이다.

다른 사람이 그대를 미워한다고 생각하는가. 그렇다면 그 사람이 자신을 사랑으로 대했던 순간들을 떠올려보자. 분명히 조금이라도 친절하게 대해주었던 기억이 있을 것이다. 처음부터 미워하는 관계는 없다. 일단 관계가 형성된 후에야 미움이 성립될 수 있기 때문이다. 겉으로는 미워죽겠다고 했더라도 호감을 느낀 점은 분명히 있었을 것이다. 상대방의 마음속을 들여다보자. 자신을 미워하는 사람도 연약한 마음의 인간이다. 그도 사랑받고 싶어 하는 평범한 인간이다. 그 사람이 자신을 미워했다고 해서 그대도 미워하지는 말아야 한다. 대신 사랑을 발견하고 사랑을 베풀어주는 사람이 되자. 미움받았다는 사실에 분노한 사람이 죽을 수는 있어도 미움받아서 죽는 사람은 없다. 나를 미워하는 사람도 넉넉한 마음으로 사랑할 수 있는 사람이 되는 것이 미움받는 사람이 되지 않는 가장 손쉬운 방법이다.

분노를 조절하자

얼마 전에 화가 나서 죽을 것 같을 때가 있었다. 상대에 대한 일방적인 오해 때문이었다. 얼마나 얼굴이 화끈거렸는지 모른다. 감정을 제대로 조절하지 못한 점이 부끄러웠다. 화난 감정이 극도로 긴장된 상태다. 타인이 자신을 존중하지 않거나 자신이 어떤 상황 앞에서 무력하다고 여겨질 때 화가 난다. 화가 난 사람은 타인을 향해 화를 내지만 대부분 자기 자신에 대한 불만이 원인일 때도 있다. 화를 자주 내다보면 습관이 된다는 것을 우리는 안다. 분노에 차있는 사람처럼 무서운 사람도 없다.

분노는 인간이 가진 기본 정서 중 하나다. 이는 성질, 역정, 화 등과 거의 동일한 말이다. 분노, 화는 종종 상대방에 대한 공격을 유발하는데 자칫 싸움으로 발전할 수 있고 홧김에 저지르는 폭행, 방화, 살인 같은 범죄도 늘어 사회적으로 문제가 되고 있다. 실제로 식물에게 전쟁이나 파괴 등의 듣기에 좋지 않은 낱말을 들려주면 식물이 서서히 시들어간다는 실험 사례가 있다. 분노의 감정을 겉으로 드러내면 인간관계에 영향을 미치고 주변 사람들을 불행하게 만들 수도 있고 결국 자신도 피해를 입는다. 그렇다고 억지로 화를 참는 것도 좋지 않다. 마음속에 차곡차곡 쌓아놓다 스트레스가 돼 여러 신체 이상 징후가 나타나기도 하고 우울감이나 불안감이 생길 수도 있다.

분노에 대한 연구에 의하면 사람들이 분노할 때는 먼저 분노 감정에 관여하는 편도체가 활동화 되고 나중에 상황을 해석하는 신피질이 작동한다고 한다. 따라서 분노가 먼저 일어나고 그에 대한 정당한 이유를 찾는 것이지, 정당한 이유가 있기 때문에 분노하는 것이 아니라고 한다.

분노는 또한 내면 낼수록 더욱 커지고 강화된다. 처음에는 화가 나서 소리를 지르던 수준에서 물건을 던지게 되고 사람을 폭행하는 데까지 이르게 된다. 이 정도 수준에 이르면 스스로 통제하기 힘든 상황이 된다.

공자는 제자 안회를 남에게 받은 분노를 다른 사람에게 옮기지 않아서 칭찬을 했다고 한다. 이처럼 우리는 분노를 적절하게 조절할 수 있어야 한다. 그러려면 자신의 마음을 충분히 다스리고 수양을 해야 한다. 참을 수 없을 정도의 부당한 대우를 받은 상황이어도 직접 겉으로 분노를 나타내기보다는 침착한 태도로 차분하게 대처하는 것이 훨씬 유리하다. 분노의 감정을 쏟아내기 전에 마음을 다스리는 방법을 먼저 배워야겠다.

　화나 분노가 치밀어 오를 때 진정시킬 수 있는 몇 가지 방법들을 소개하면, 우선 숫자를 세면서 심호흡을 하는 방법이 있다. 천천히 숨을 깊게 내쉬면서 10까지 세는 데는 몇 분밖에 걸리지 않아 느긋해지면서 화를 진정시킬 수 있다. 또 하나는 그 자리를 피하는 방법이다. 도저히 참을 수 없거나 후회할 말과 행동을 할 때에는 그 상황에서 한 발 뒤로 물러나 마음을 안정시키는 것이다. 마지막으로 운동을 하는 방법이다. 화가 날 때는 산책이나 평상시 즐기던 운동을 하면 분노로 생긴 공격성을 밖으로 내보내 감정을 조절하는 힘이 생긴다고 한다.

56
삶의 의미를 찾을 수 없다

"더 살아서 뭐 해?"
이 말은 이런 뜻을 내포하고 있다.
"인생은 허무한 것인데 더 살아서 무슨 영화를 보겠는가."
삶을 허무한 인생에 자신을 희생시키는 쓸모없는 짓이라고 생각한다면 지금부터라도 생각을 수정해야만 한다.
한편으로 보면 인생은 허무하기도 하다. 태어나서 열심히 살아봤자 결국 죽음으로 끝나는 것이 인생이 아닌가. 아무리 부자가 되고 유명해지고 행복해져도 죽으면 다 한 줌의 흙으로 돌아간다. 이러한 허무함에 대한 깨달음은 나이가 들수록 빈번하게 들 것이다. 그만큼 많은 사건을 겪고 시련을 이기는 과정에서 자아에 대해 생각하게 되는 시간이 많아지기 때문이다.

　자신의 인생에 대하여 생각하는 일은 얼마간의 자조가 섞이게 마련이다. 왜 내 인생은 이것밖에 안 되는가. 지금까지 무얼 이룩해놓았는가. 나이가 들어갈수록 삶에 대한 의욕은 저하된다. 왜냐하면 육체적으로는 쇠약해지고 정신적으로는 빠른 시대 흐름에 적응하기가 버거워지는 까닭이다. 그래서 인생은 허무한 것이라고 여겨진다.

　내가 인생의 허무함을 가장 많이 느꼈던 것은 십 대 후반이었던 것 같다. 지금 생각해보면 꽃다운 시절에 무슨 그런 생각을 했을까 싶지만, 당시의 나는 심각하게 고민했었다. 그래서 가끔 죽고 싶다는 생각도 했다. 그런 절망스러운 십 대 후반의 내가 자살이라는 극단적 선택을 하지 않고 견딜 수 있었던 이유는 막연하지만 꿈이 있었기 때문이다. 그 꿈이란 글을 쓰는 것이었다. 시를 좋아했고 소설을 좋아했던 나는 언젠가는 글을 쓰면서 살겠다고 생각했다. 시집 앞장에 유치한 자작시 한 편을 적어놓고 뿌듯해하던 내가 문득 떠오른다.

　십 대 후반의 나는 춥고 아프고 힘든 경험을 많이 했다. 그런 다양한 경험들은 지금에 이르러서 소중한 자산이 되었다. 꿈이 있었기에 버텨낼 수 있었던 십 대 후반의 매우 외롭고 고독했었다.

　길거리를 걸어가다가도 알 수 없는 허무함을 뼛속 깊이 절감하고 삶을 비관했었다. 일찍이 객지로 나가서 힘겨운 삶을 살아가야 했던 소녀의 생각에 인생은 앞이 보이지도 않는 깜깜한 길이었다. 이십 대를 지나 서른을 지나 마흔이 된 나를 보면서 그때 삶에 대한 끈을 놓지 않았던 것을 스스로 대견해 한다.

우리의 인생은 마냥 무상한 것만은 아니다. 우리는 누구나 뛰어난 재능을 가지고 있다. 어떤 사람은 노래를 잘하는 재능을 가지고 있고, 어떤 사람은 춤을 잘 추는 재능을 가지고 있으며, 어떤 사람은 공부를 잘하는 재능을, 어떤 사람은 말을 잘하는 재능을 가지고 있다. 사람은 누구나 각자에게 부여된 재능 하나씩은 지니고 있는 셈이다. 이런 재능이 꿈이라는 구체적인 키워드로 변할 수 있을 때 비로소 허무함이 극복될 수 있다. 자신이 무엇을 잘하고 즐기는지 아는가. 아직 꿈이 없다면 그것을 발견해내는 것이 급선무다. 꿈을 찾은 후에는 사는 것이 즐겁다. 왜냐하면 꿈은 삶의 지루함을 개선해주고 자신에 대한 긍지와 자부심을 드높이는 기적의 치료제이기 때문이다. 인생이 허무해서 죽고 싶다면 일단 꿈을 찾아라.

57
나무처럼 견뎌보자

바이올린 명품으로 알려진 스트라디바리우스는 현재 약 500대가 남아있다는데, 1721년 스트라디바리우스가 172억 원에 낙찰되었다는 소식이 보도되기도 했다.

안토니오 스트라디바리우스는 유럽이 '소빙하기'라고 불릴 정도로 극심한 한파에 시달렸던 1645년부터 1715년 사이에 자란 나무로 악기를 만들었다고 한다. '소빙하기'에는 영국의 템스 강과 네덜란드의 조이테르 바다가 얼어붙을 정도로 추웠고 비가 오랫동안 오지 않다가 한 번 오면 논과 밭을 쓸어버릴 만큼 억수로 쏟아져서 큰 홍수가 나기도 했다. 날이 이렇기 추우면 나무의 성장이 더뎌져서 이 이간에 자란 나무의 나이테가 촘촘하고 목질이 단단해진다고 한다. 나무의 밀도 낮고 탄성이 높아 소리 파동을 잘 전달하기 때문이다. 그래서 안토니오 스트라디바리우스는 이 기간에 자란 알프스의 가문비나무를 재료로 바이올린을 만들었고 스트라디바리우스가 내는 소리의 비밀은 바로 여기에 있다고 한다.

적당히 온화한 기후에서 자란 나무로 악기를 제작한 것이 아니라 온갖 악조건을 견디며 성장한 나무로 만든 악기가 가장 아름다운 소리를 낼 수 있다. 우리의 삶의 여정도 마찬가지일 것이다. 인고의 시간은 반드시 있게 마련이다. 참고 견디어 내는 것은 누구에게나 어려운 일이다. 그러나 그 견딤의 시간이 지나면 '소빙하기'의 가문비나무가 세계 명품 바이올린의 재료가 되듯 우리도 쓸모 있는 재목이 된다.

나는 십 대 때 외지로 나가 객지 생활을 해야 했다. 내가 공주처럼 대접받고 편안하게 살았다면 난 이런 글을 쓰는 작가가 되지 못했을 것이다. 왜냐하면 나의 글들은 모두 불우하고 힘겨웠던 시절이 주었던 교훈과 깨달음에서 시작되었기 때문이다. 가난했기 때문에 절약 정신을 배울 수 있었고 많이 배우지 못했기 때문에 공부의 중요성을 더 실감할 수 있었다. 그래서 더 열심히 공부했고 물건 하나도 소중하게 여긴다. 내게 힘들고 어려웠던 시절은 내게 인내심을 길러 주었고 꿈을 향해 전진할 수 있도록 용기를 주었다.

인간은 환경에 지배받지만, 환경을 변화시킬 수 있는 힘을 지닌 존재다. 자신이 처한 환경이 비루하다고 여기는 사람이라도 절망하지 말아야 한다. 환경을 변화시키고 싶다면 자신이 먼저 변화해야만 한다. 불우한 환경을 원망만 하면서 주저앉아 지낸다면 결코 그 환경은 변하지 않을 것이다. 어려운 환경에서 인내심을 갖고 현실적 고통을 받아들이면 이 힘으로 미래를 환하게 밝힐 수 있다. 우리는 살면서 많은 고난과 역경을 만날 것이다. 그때마다 참고 견디어 미래의 자신을 준비해야 견딤은 귀하게 쓰이는 결과를 가져온다고 할 수 있다.

58
가족이 아파서 괴롭다

칠십이 훌쩍 넘은 노부부가 아파트에서 시신으로 발견되었다. 한 명은 베란다에서 목을 매었고 한 명은 안방 침대에서 숨진 채였다. 알고 보니 수십 년 동안 치매를 앓던 부인을 남편이 살해하고 자신도 목숨을 끊은 사건이었다. 어떤 엄마는 병든 두 자식을 오랫동안 간호해오다가 스스로 목숨을 끊기도 했다. 안타깝게도 엄마가 세상을 뜨고 한 달 후쯤에 둘째 아들도 목숨을 잃었다. 지극정성으로 간호해오던 엄마의 손길이 사라지자 아이도 병이 악화하여서 그렇게 된 것은 아닐까. 남겨진 아빠와 아직도 병마에 시달리고 있는 큰아들의 사연이 사람들의 가슴을 아프게 하였다.

가족은 자신의 분신이고 살아가야 할 이유이고 삶의 지향점이기도 하다. 그러므로 가족의 병은 곧 자신의 병이 된다. 가족 중 한 사람만 아파도 일이 손에 잘 잡히지 않는다. 사랑하는 가족이 아픈 모습을 지켜보는 것만큼 고통스러운 일도 없다. 언젠가 아이가 아파서 병원에 입원한 적이 있었다. 소아청소년과 병동에는 중증 환자들이 많았다. 보호자인 엄마들은 거의 모두 실신 직전의 모습들이었다. 어떨 때 보면 아픈 아이보다도 엄마들이 더 아파 보이기도 했을 정도였다. 가끔 아빠들이 들리곤 했는데 아빠들도 몰골이 말이 아니었다. 아이가 아프면 그 집안 전체가 우울해진다.

"아빠, 우리 오늘 저녁에 맛있는 거 사 먹으러 가는 거야?"

이름은 기억나지 않지만 정말 예뻤던 열 살 소녀가 퇴근해서 병원에 들른 아빠에게 이렇게 물었다. 소녀는 장이 아파서 서울에서 대수술을 받고 지방 대학병원에 입원해 있는 중이었다. 아빠는 그런 딸을 바라보면서 희미한 미소를 지어 보였다.

"조금만 더 치료받으면 아빠가 맛있는 거 사줄 거야."

"아빠는 거짓말쟁이! 맨 날 약속하고 지키지도 않고 미워!"

그 소녀의 팔에는 서너 개의 링거병이 연결된 줄이 대롱대롱 매달려 있었다. 나를 보면서 생글생글 웃던 소녀. 소녀가 잠들고 나면 소녀의 엄마는 한숨을 쉬곤 했다. 언젠가는 훌쩍이면서 울기도 하였다. 자식이 아픈데 울지 않을 부모가 어디 있겠는가. 그래도 소녀의 엄마는 힘을 내겠

노라고 누군가와의 전화통화에서 그렇게 말하고 있었다.

"난 괜찮아. 얘가 더 걱정이지. 아직 견딜 만해."

이렇게 말하던 소녀의 엄마가 생각이 난다. 아직 견딜만하다는 건 지금 무척 힘들게 견디고 있다는 다른 말이 아닐까. 가족이 아플 때 다른 가족들의 심정이 그러할 것이다. 특히나 오랜 시간 동안 투병생활을 하는 가족을 둔 사람이라면 고통이 이루 말할 수 없이 크다. 정신적으로나 경제적으로나 환자를 간호하면서 산다는 것처럼 고달픈 것도 없다. 그대의 심정을 공감한다.

나도 그렇게 힘든 시절이 있었다. 가족 중의 한 명이 생사의 기로에 놓인 적이 있었다. 병간호를 하면서 이런 생각이 들 정도였다.

"사람이 병간호하다가 죽을 수도 있겠구나!"

항상 곁에서 건강하게 지낼 것만 같던 가족이 어느 날 갑자기 생명이 언제 꺼질지 모르는 환자가 되어버렸을 때의 심정이란 이루 말할 수 없이 참담하다. 그래서 죽고 싶어진다. 차라리 내가 이 세상에서 사라져 버린다면 우리 가족이 아픈 모습을 보지 않아서 좋을 것 같기 때문이다. 너무나 사랑하기 때문에 가족이 병들고 아파하는 모습을 지켜보기가 힘든 것이다.

사랑하는 가족이 아프다면 어떻게 해야 할까. 정말 내 가족을 사랑한다면 가족의 마지막까지도 지켜줄 수 있는 사람이 정말 가족을 사랑하는 사람이다. 그대는 가족의 보호자요, 버팀목이다. 병들었다고 외면하지 말고 끝까지 함께 해주는 것이 인간의 도리다. 또한 가족이라면 마땅히 그래야 한다. 건강할 때나 병들었을 때나 항상 같이 있어주는 것이 가족임을 잊지 말자.

59
왜 나를 인정해주지 않는 거야

　쓰레기보다 더 형편없는 글이라고 출판사 관계자들로부터 혹평을 들은 책이 훗날 베스트셀러가 되었다는 이야기를 종종 듣는다. 세계적인 작가도 수십 군데의 출판사에 원고 투고를 했다가 거절당했다는 이야기를 듣는다. 나 역시도 마찬가지다. 원고 투고를 했는데 거절한 출판사가 한둘이 아니다. 그렇지만 그런 과정이 있었기에 지금의 내가 있음을 잘 안다. 나는 거절당할 때마다 '왜 내 작품이 거절당했을까?'를 생각했다. 그래서 더 발전할 수 있었다.
　거절당하고 혹평 받는다는 걸 좋아할 사람은 없다. 자신의 작품이 누군가에게 감동을 주고 인정받기를 원하는 건 자연스러운 바람이다. 하지만 혹평을 절대 받지 않겠다고 생각한다면 작품을 만들지 말아야 한다.

우선 어떤 작품이 이 세상에 나오게 되면 수많은 비평가들의 번뜩이는 칼날에 난도질당하게 된다. 그것이 노래든, 책이든, 그림이든 상관이 없다. 모든 작품은 우선 비평가들에게 낱낱이 해체되기 마련이다. 그러므로 자신이 어떤 작품을 지금 구상하는 중이라면 혹평과 비난에 대해 초연해질 것을 다짐해야 한다. 그런 배포가 없는 사람이 작품을 세상에 내놓고 좋은 평가만을 기다리다가는 큰 상처를 입기 쉽다. 세상은 그리 호락호락하지 않다.

비평의 쓴잔을 기꺼이 들이킬 수 없다는 건 비평을 용인할 수 없기 때문이다. 하지만 다른 사람들의 평가를 무시해서는 곤란하다. 지금 당장은 듣기 싫고 거부하고 싶은 비평이라도 언젠가는 꼭 필요한 조언이 될 수도 있다. 그들은 지극히 객관적이고 사적인 입장에서의 견해를 피력한 것이기 때문이다.

자신의 작품에 자부심을 가져야 한다. 그 작품이 많이 부족하고 지극히 초보적이라도 나름대로 의미가 있기 때문이다. 그것과 동시에 다른 사람들의 부정적인 평가도 의미가 있다고 생각하자. 그리고 그 비평 속에서 자신을 발전시킬 수 있는 충고를 발견하라.

다른 사람의 비평에 유난히 예민한 경우 자신의 성격에 문제가 있다는 걸 인지해야 한다. 어떤 문제일까. 바로 자만심에 사로잡힌 결과다.

나만큼 그림 잘 그리는 사람은 없지, 나만큼 글 잘 쓰는 사람이 어디 있어?, 나만큼 똑똑한 사람은 드물 거야. 이런 자만심이 다른 사람의 비난에 더 날카롭게 대응하게 된다. 왜냐하면 자신을 비평하는 사람이 모두 적으로 규정되기 때문이다. 나와 내 작품을 비평하는 사람은 적이라는 인식은 바로 자만심이 빚어낸 참극이다.

훌륭한 작품은 비평 받지 않는 작품이 아니다. 제아무리 훌륭한 작품이라도 비평을 받지 않을 수는 없다. 그 이유는 개개인의 취향과 관점이 모두 다르기 때문이다. 훌륭한 작품이란 작가가 순수한 의도로 성심을 다해 만들었을 때 완성된다. 즉, 이 작품이 독자들에게 유익한 영향을 끼치기를 바라는 마음으로 만들었을 경우 그 작품은 훌륭한 작품이 되는 것이다. 그렇지만 그런 경우에도 비평가들은 쓴소리를 하게 되어 있다. 그건 그들의 본능적인 행위다.

"아주 형편없고 조악하군, 이건 초등학생보다 못한 수준이야."

"이런 것도 작품이냐? 내 시간이 아깝다."

"당장 집어치워! 그런 것 만들 시간이 있으면 집구석에 틀어박혀서 잠이나 자라."

다른 이들이 이런 악담을 해도 흔들리지 마라. 자만심을 버리고 순수한 의도로 성실하게 만든 작품은 이미 이 세상에서 가장 훌륭한 작품이다. 자신의 작품에 한 점 부끄러움이 없다면 혹평은 오히려 달콤한 속삭임이 될 수 있다. 그들이 그렇게 말해주지 않았다면 발견하지 못했을 단점들이 있을 것이다. 혹평에 상처 입지 말고 대신 혹평으로 자신의 부족한 부분을 발견해서 메워 나가라.

60
댓글로 상처를 받았다

지하철을 타보면 상당수의 사람들이 무언가에 열중해 있는 모습을 볼 수 있다. 무슨 의식 같은 것을 치르는 것처럼 대부분의 사람들이 스마트폰을 들여다보고 있다. 이제 인터넷은 집에서 데스크 컴퓨터로만 하는 것이 아니다. 지하철 안에서도 버스 안에서도 길에서도 얼마든지 접할 수 있는 것이 인터넷 세상이다. 이렇게 하루 종일 인터넷에 접속할 수 있게 됨에 따라서 댓글로 인해서 상처받는 사람들이 늘고 있다. 인터넷이란 익명의 공간이다. 그래서 평상시 오프라인 같으면 하기 힘든 욕설이나 비방도 더 쉽게 하게 된다. 얼굴을 모르니까 서로가 서로에 대해 경계심을 갖고 또한 분노도 더 증폭되는 경향이 있는 것이다.

내 친구 중의 한 명이 어느 날 한밤중에 전화를 걸어왔다.

"정미야, 나 정말 죽고 싶다!"

"왜?"

자다가 깬 나는 무슨 일인가 궁금해졌다. 워낙 평소에도 우울한 친구였지만 이렇게 밤에 전화해서 이런 말을 한 적은 없었기 때문이다.

"인터넷 카페에서 어떤 사람과 말싸움이 붙었어. 괜히 내 글에 트집 잡고 계속 물고 늘어지잖아."

"그랬구나. 무슨 트집을 잡았는데?"

"내 글 속에 이야기가 자기 이야기라면서 왜 자기 이야기를 썼냐고 난리야. 난 그 사람 알지도 못하는데 기가 막혀서. 내 글에 악성 댓글을 수십 개 달아놓았어. 울고 싶다!"

난 생각해봤다. 이런 경우에는 어떻게 해야 할까. 일단 이렇게 말해주었다.

"자, 마음을 차분히 가라앉히고 우선 이렇게 해봐. 일단 카페 관리자에게 문자를 보내서 댓글이 명예훼손이 되니까 삭제해달라고 요청해. 상대방에게도 그런 내용의 문자를 보내. 지워달라고. 그리고 반응이 없으면 카페의 최종 책임자인 사이트에 전화해서 이런 문제를 이야기해봐."

친구는 그 이후에 일이 잘 해결되었는지 그에 대한 말은 없었다. 우리는 어떤 일을 당하면 그 일에만 온통 신경이 쓰여서 정상적 사고를 하기가 어려워지곤 한다. 인터넷 공간에서 활동하다 보면 내 친구와 같은 일을 수도 없이 겪을 것이다. 그건 오프라인에서 벌어지는 인간관계의 트러블과 다를 바 없다. 다만 그 공간이 사이버 상이 된 것뿐이다. 그런데 오프라인의 인간관계의 트러블보다 사이버 공간에서의 인간관계의 트러블은 쉽게 해결하기 어렵다. 또한 더 극심한 피로감과 우울을 유발한다. 그 이유는 지나치게 그 상황에 매어버리게 되기 때문이다.

만일 그대가 지금 인터넷에서 댓글로 인해 상처를 받아서 속상하다면 이렇게 해보면 어떨까 싶다. 이 글을 읽는 이 순간부터 일주일만 컴퓨터를 켜지 않고 스마트폰을 들여다보지 않는 것이다. 어떻게 그렇게 살 수 있느냐고 말할 수도 있다. 컴퓨터 안 켜는 거야 그렇다 치고 스마트폰은 전화기인데 안 들여다볼 수가 없기 때문이다. 얼마 동안은 인터넷에 접속하고 싶어서 미칠 것 같을 것이다. 그래도 참아야 한다. 사흘 정도만 인터넷을 끊어도 효과가 나타난다.

인터넷 세상은 인터넷 세상일뿐이다. 지금 그대 곁에서 누가 뭐라고 하는가? 아무도 그대를 비난하지 않고 있지 않은가. 사이버상에서 그대를 괴롭히던 악당은 여기 없지 않은가. 댓글은 댓글일 뿐이다. 너무 지나치게 반응하지 말자. 마음의 평온함을 유지하는 방법은 사소한 일들에 일일이 연연하지 않는 것이다. 댓글에 목매고 살아서는 마음의 평온함은 절대 얻을 수 없게 된다. 다른 사람이 무슨 말을 하든지 우리는 그것을 규제할 수는 없다. 다만 그들이 아름답고 고운 말을 하길 바랄 뿐이다. 댓글에 목숨 걸지 마라. 어차피 그것은 시간이 지나면 잊히는 것들이다.

61
세상에 내 편은 없다

　한 남자가 무인도에서 혼자서 수년 동안 살고 있다는 소문이 인근에 파다하게 퍼졌다. 그 섬은 남해안의 섬 중에서도 가장 외딴 섬으로 몇 시간을 배를 타고 들어가야 하는 곳이었다. 소문을 들은 몇 명의 사람들이 그를 찾아가서 하룻밤을 지내고 온 이야기가 화제가 되었다. 바닷가에서 생선을 잡고 산에서는 열매를 얻어서 생활하는 남자에게 왜 이곳에서 살고 있느냐고 일행 중 한 명이 물었다. 그는 세상이 싫어서 이곳으로 들어왔다고 말했다. 가끔 가족들이 찾아온다는 말에 그나마 안심이 되었지만 혼자서 생활하는 그가 불안해 보이지 않을 수 없었다고 한다. 사람들이 배를 타고 손을 흔들며 멀어질 때 쓸쓸한 모습으로 미소 짓는 그의 모습이 상상으로도 보이는 것 같다.

이처럼 자기 스스로 고립된 생활을 하는 사람들이 꽤 많이 있다. 어떤 사람은 산속 깊은 곳에 둥지를 틀고 빗물을 식수로 삼고 살아가고, 또 어떤 사람은 전 국토를 혼자서 몇 달 동안 걸어서 일주하기도 한다.

왜 그들은 스스로 고립을 원했을까. 그런데 잘 생각해보면 그들은 바로 그 고립된 느낌 때문에 고립을 자초한 것이다.

"저도 다른 사람들처럼 가족도 있고 변변한 직장도 있었습니다. 그렇지만 아무에게도 기댈 수 없었고 아무도 내 마음을 알아주지 않았습니다. 철저히 혼자였죠. 어떻게든 세상에서 살려고 발버둥 쳐봤지만 결국 나 혼자라는 걸 알았습니다. 그래서 결국 이 산속에서 혼자 살고 있죠."

깊은 산속에서 움막을 짓고 혼자 사는 여인은 이렇게 말했다. 그 여인은 사회에서 일류 대학을 나온 엘리트로 대학교수까지 지낸 사람이었다. 그런 그녀에게 무슨 일이 일어난 것일까. 흔히 성공한 것처럼 보이는 사람들은 외롭지 않을 것이라는 고정관념이 있다. 그런데 의외로 그런 사람들이 쉽게 자살의 유혹에 빠져든다. 사회적 성공을 위해 앞만 보고 달려가느라 자신을 바라볼 시간이 없었기에 자신의 정체성과 마주하게 된다. 고립된 느낌은 외로움이 깊어졌다는 신호다. 사람들은 너무 자신에게 집착하는 경향이 있다. 그래서 다른 사람이 지금 어떤지 돌볼 겨를이 없다.

자신이 지금 고립된 상태라고 생각이 든다면 그것은 다른 사람들이 자신을 외면하는 것이 아니라는 것을 알아야 한다. 고립은 스스로 만든 것이다. 다른 이가 먼저 내게 손을 내밀어 줄 것을 기대하면서 자신은 먼저 다가가지 않은 결과가 고립된 삶이다. 그러므로 세상을 탓하면서 깊은 산속이나 무인도로 가지 않아도 된다. 지금까지 살던 것과 반대로 살면 되기 때문이다.

다시 말해서 자신이 지금까지 반복해온 생활패턴을 바꾸면 된다. 고립을 벗어날 수 있는 생활패턴으로 바꾸는 것은 어렵지 않다. 친구들이 먼저 연락해오지 않아서 고립되었다고 느꼈다면 자신이 먼저 전화를 걸면 된다. 가족들이 내 맘을 몰라주고 있다고 여긴다면 자신이 먼저 가족들의 마음을 헤아려보면 된다. 이 사회가 자신의 재능을 몰라주고 있다고 여긴다면 자신이 먼저 재능을 사회에 기부하면 된다.

인생은 혼자서 살아가기에는 너무 먼 여정이다. 이제부터라도 다른 사람들과 우호적인 관계를 형성하는 데 노력을 기울여라. 고립된 사람만큼 불쌍한 사람도 없다. 그것은 그 어떤 천형보다 고통스러운 것이다. 또한 삶의 질을 떨어뜨리고 건강에도 악영향을 미친다. 고립된 느낌 때문에 죽고 싶다면 자신이 먼저 고립을 자초한 생각을 버려라. 먼저 사랑하고 먼저 이해하고 먼저 베푸는 삶을 살아간다면 한결 풍요로운 인간관계를 맺을 수 있을 것이다.

62

결과에 승복하지 못하겠다

몇 년 전 이집트에서 축구 경기 중에 관중들이 난동을 일으켜서 최소 73명이 사망하고 1,000명 이상이 다치는 일이 벌어졌다. 자신이 응원하는 팀이 지자 흥분한 관중들이 그라운드에 돌 등을 던지고 흉기를 휘둘러서 벌어진 사건이었다. 또한 1964년 페루에서는 축구 경기 중의 관중 난동으로 무려 500여 명이 압사하고 정부는 계엄령을 선포했다. 모두 승부에 사활을 건 사람들 때문에 벌어진 일이었다.

어차피 승부라는 건 이기고 지는 것이다. 그런데 사람들은 패배를 인정하지 않는다. 수단과 방법을 가리지 않고 이기려고 하는 사람들이 많다. 국회의원 선거에 나선 후보들도 승부에서 지지 않기 위해서 사력을 다한다. 전국을 누비면서 목이 쉬도록 연설을 하면서도 피곤한 줄 모른다. 그래서 승부에서 진다는 건 자신의 무능력이 입증되었다고 여기기도 한다. 모든 스포트라이트는 승자만을 조명한다.

나도 지는 거 싫어하는 사람이다. 그래서 승부에 무척 관심이 많다. 내가 응원하는 프로야구팀이 지고 있으면 밥맛이 떨어질 정도다. 하물며 나 자신이 어떤 승부에서 진다는 건 견디기 힘든 고통이다. 하지만 인간이 모든 승부에서 이길 수는 없다. 최고의 골프선수도 세월이 흐르거나 컨디션이 난조일 때는 무명의 골퍼에게 진다. 그것을 이겨내지 못하고 슬럼프에 빠지는 선수들이 많다. 자신이 승부에서 질 수도 있다는 사실을 받아들이지 못하기 때문에 그런 일이 벌어지는 것이다.

인생은 끝없는 레이스다. 그 레이스는 혼자서만 달려가는 레이스가 아니다. 경쟁자들이 있기 마련이고 승부가 갈리기 마련이다. 학교 다닐 때는 성적으로 승부가 갈리고 사회에서는 각종 실적이나 연봉으로 승부가 갈린다. 공부 잘하는 학생이 학교에서의 승자가 되고 돈 잘 벌고 출세한 사람이 사회에서의 승자가 된다. 그런데 이런 승부에의 기준은 누가 만든 것일까.

학생은 물론 공부를 잘해야 하는 사람이다. 그렇지만 인성이 겸비되지 않은 우등생은 차라리 공부 못하는 착한 학생보다 못하다는 점을 알아야 한다. 사회에서 승자라고 일컫는 돈 많이 벌고 출세한 사람들도 진정한 승자가 되기 위해서는 인간성이 겸비되어야 한다.

자신이 지금 어떤 승부에서 졌다고 생각하고 자포자기의 심정이라면 이 점을 명심하자. 승부에서 진다는 건 점수 차가 아니라 경기에 대한 순수한 열정이 상대방보다 못했을 때다. 축구 경기든, 배구 경기든, 선거든, 수학경시대회든, 엄청난 계약을 따내는 것이든 열정이 상대방보다 부족할 때 비로소 지는 것이다. 점수 차나 승패에 연연할 필요가 없다. 진정한 승자는 그런 승패에 연연하지 않는다. 오히려 자신의 엄격한 관점으로 승패를 가늠한다. 승부에 져 죽고 싶어서 울고 있다면 지금 당장 울음을 그치자. 그리고 다시 한 번 그 경기에 출전하라. 순수한 열정이 아직도 가슴속에 남아 있다면 그대는 결코 패자가 아니다.

63
재산을 탕진하니 살길이 막막하다

　재산을 잃게 된 과정은 제각각 다를지라도 하루아침에 빈털터리가 된다는 건 고통 그 자체다. 주식투자로 전 재산을 잃은 사람, 은행이 파산해서 평생 모은 돈을 날린 사람, 지인에게 속아서 투자했다가 본전도 못 건지고 알거지가 된 사람, 자신의 실수로 재산을 까먹은 사람 등등. 평생 재산을 늘리는 것을 목표로 살아온 사람들에게는 하늘이 무너지는 일이 아닐 수 없을 것이다.
　백억이라는 거금을 유흥업소 출입과 도박 등으로 탕진한 사람이 있었다. 그는 부모의 재산을 유산으로 물려받아서 부자가 된 사람이었다. 그의 부모는 성실하게 재산을 일구어서 하나뿐인 아들인 그에게 전부 남겨주고 세상을 떠났다. 그런데 아들은 돈을 어떻게 관리해야 하는지

미처 배우지 못한 탓에 백억이라는 큰돈을 흥청망청 소비하고 만 것이다. 빈털터리가 되자 그는 비로소 자신의 경제적 관념을 후회했다.

"조금만 더 아껴 쓸걸. 저축도 하고 미래도 대비해놓아야 했었는데. 왜, 아무도 내게 그런 걸 가르쳐주지 않은 거야."

우리는 잃고 난 후에 그것의 소중함을 깨닫는다. 사랑을 잃고 난 후에야 사랑의 소중함을 깨닫고 사람을 잃고 난 후에야 그 사람이 얼마나 좋은 사람이었는지 깨닫는다. 재산도 그렇다. 재산을 모으는 과정은 그리 녹록지 않다. 부모에게서 물려받은 유산이 있는 사람이면 몰라도 스스로 재산을 모은다는 건 오랜 시간과 노력이 요구된다. 그런데 돈을 모으는 방법에만 열을 올릴 뿐 돈을 잘 쓰는 방법에 대해서는 별로 생각해보지 않는다. 현명한 소비야말로 재산을 지키는 방법임을 미처 모르는 것이다.

이미 잃은 재산은 엎질러진 물이다. 그렇다면 지금부터 어떻게 해야 할지 함께 고민해보자. 그대가 재산을 잃게 된 것은 경제적 관념이 부족해서일 수도 있고 운이 나빠서일 수도 있다. 그리고 최대 이유는 무엇보다도 돈을 잘 쓰는 방법을 공부하지 않아서일 가능성이 높다. 우선 죽기 전에 돈을 어떻게 해야 허망하게 잃지 않는지 알아두자.

돈을 소비하는 현명한 방법은 자신을 지탱해줄 보루를 마련한 후에 소비하는 것이다. 즉, 어려운 시기가 올 때 밥 굶지 않고 살 수 있는 돈을 남겨둔 후에 소비를 해야 한다는 말이다. 우선 재산이 어느 정도 모이면 자신의 예상 수명을 계산하라. 지금 현재 나이가 서른이라면 평균 80까지 산다고 가정해서 계산하면 50이라는 예상 수명이 나온다. 그 50년 동안 필요한 최저 생계비를 계산해보라. 그리고 그 액수를 모았다면 통장을 하나 만들어서 그 돈을 따로 관리해라. 그리고 나머지는 쓰고 싶은 대로 써라. 이렇게 하면 절대 재산을 잃어서 죽고 싶어질 일이 없다. 왜냐하면 최소한의 생계비가 항상 자신의 삶을 지탱해주기 때문이다.

어느 부모가 10대 초반의 어린 두 딸을 살해하고 도망 다니다가 2년여 만에 검거되었다. 그 부모들은 도대체 어떤 사람들이었을까 사람들은 궁금했다. 그러나 그들이 처음부터 그런 인면수심의 범죄를 저지를 만큼 나쁜 사람들은 아니었음을 알게 되었다. 두 딸의 부모도 처음에는 평범한 가정의 부모들처럼 열심히 일해서 아이들을 가르치려고 한 사람들이었다. 그러나 노력만으로 되지 않는 게 인생살이 아닌가. 사업은 실패하고 하는 일마다 어긋나서 결국 방 한 칸도 없는 처지가 되었다. 딸 아이가 중학교에 입학해야 하는데 교복을 사 줄 돈이 없게 된 엄마, 아빠는 결국 해서는 안 될 동반자살을 감행하였다. 결국 아이들만 희생되고 자신들은 살아남게 되었다. 전국을 돌아다니면서 온갖 일을 다 했다. 농장에서도 일하고 공장에서도 일했다고 한다. 그렇지만 숨을 곳은 그 어디에도 없었고 지명수배전단지를 본 주민의 신고로 검거되고 말았다.

이들에게 재산이 처음부터 없었던 걸까. 이들은 원래부터 방 한 칸 없는 신세였던가. 아니다. 그들은 사실 중산층이었다. 다만 사업 실패와 여러 가지 일들로 인해서 재산이 손실을 본 것이다. 그들이 만일 위기에 힘을 발휘할 수 있는 최저생활비 통장을 끝까지 지켜냈다면 그런 비극은 일어나지 않았을 것임을 우리는 알 수 있다. 재산을 잃고도 살아가는 사람은 많다. 죽음으로써 모든 걸 잊고 평안을 얻고 싶다는 건 오판이다. 다시 성실하게 살아가면서 일하면 돈은 모이기 마련이다. 죽겠다는 생각을 버리고 죽을 만큼 열심히 살아가라. 한 달에 백만 원을 번다면 그 돈의 10%라도 꼬박꼬박 모아라. 그 통장의 이름은 미래의 희망통장이라고 명명하자. 절체절명의 위기가 오기 전까지는 그 돈은 절대 손대지 말아야 한다. 그러면 경제적으로 곤궁해지더라도 파산에까지 이르지는 않을 것이다.

64
가정폭력으로 견디기 힘들다

얼마 전 매 맞는 남편에게 위자료를 지급하고 이혼하라는 법원 판결이 나와 이목을 끌었다. 덩치가 큰 아내는 남편을 거의 매일 때렸다고 한다. 사람들은 그 남편을 비웃는다.
"남자가 여자한테 맞았다고?"
하긴 매 맞는 아내는 많이 들어봤어도 매 맞는 남편 이야기는 자주 접해보지 못한 것도 사실이다. 그런데 여기서 우리가 관심의 초점을 두어야 할 것은 남편이나 아내라는 성이 아니라 매를 맞았다는 것이다. 그리고 또한 가정에서 벌어진 폭력 사건이라는 점을 간과해서는 안 된다. 아이들을 상습적으로 구타한 부모가 경찰에 구속되기도 하고 반대로 부모를 학대한 자식이 고발당하기도 한다. 이처럼 가정폭력은 너무나 자주 벌어지고 있는 현상이다.

가정폭력의 문제성이 심각한 것은 가정은 평화로운 일상의 최후의 보루이기 때문이다. 학교에서 속상한 일이 있어도 가정이 있기 때문에 참을만하고 회사에서 스트레스를 받아도 가정이 있기 때문에 견뎌낼 수 있다. 그런데 이런 최후의 보루인 가정이 폭력으로 얼룩진 곳이라면 도대체 어디에서 휴식을 취할 수 있을 것인가. 무엇이든 있을 때보다는 그것이 없어지고 난 후에 더 소중해 보이는 법이다. 가정이 깨지고 가족 구성원이 뿔뿔이 흩어진 후에야 내 가정이 이 세상에서 가장 안락한 곳이었음을 아는 이들이 많다. 폭력은 추방해야 하고 특히 가정폭력은 더욱더 근절해야 하는 악습이다.

날마다 남편에게 맞아서 시퍼렇게 멍든 얼굴로 다니던 아주머니가 있었다. 그 남편은 알코올 중독이 심히 의심되는 사람으로 술에 찌들어 사는 사람이었다. 아주머니의 하소연을 들어보자.

"남편이 저만 보면 개 패듯이 때려요. 이렇게 살아온 것이 삼십 년이 다 되어갑니다. 죽고 싶은 적이 한두 번이 아니었죠. 그래도 자식들 때문에 지금까지 참고 살아왔어요. 그렇지만 이젠 늙고 기운도 없고 더는 이렇게 못살 것 같아요."

차마 창피해서 친구에게도 말 못하는 것이 가정 내의 폭력이다. 그러므로 그대가 지금 얼마나 힘겹고 괴로울지 충분히 이해가 간다. 하지만 죽음으로써 이 모든 상황을 종료시키려는 생각은 버려라. 그대가 죽는다고 해서 무엇이 해결될 것인가. 상대방의 죄책감을 이끌어내고 그가 후회하고 평생 고통받길 바라는 것은 선한 그대의 본심이 아니다. 지금 그대를 죽음으로 이끌려는 것은 잘못된 생각의 속삭임이다. 그동안 당해온 폭력에 대한 보상을 받기 위해서라도 그대는 죽음을 선택해서는 안 되는 것이다.

끊임없이 되풀이되는 폭력으로 만신창이가 되었을 자신을 이젠 돌봐야 한다. 도저히 폭력이 멈추지 않을 것 같다면 가정이라는 울타리를 잠시 벗어나는 것도 좋은 방법이다. 상대방이 그대의 부재로 인해 불편함과 외로움, 그리움을 겪을 수 있도록 집 밖에서 얼마간 생활하는 것도 좋은 방법이다. 그도 저도 안 된다면 이혼을 해도 괜찮고 자녀라면 아예 독립을 하는 것도 괜찮다. 어쨌거나 이 세상에서 그대 자신보다 더 소중한 존재는 없다. 그러므로 그대는 자기 자신의 건강과 안녕을 책임져야 한다.

독립을 하기 위해서는 경제적 독립이 선행되어야 한다. 당장 먹고살 방편도 마련하지 않고 집을 나온다는 것은 무모한 일이다. 가정폭력의 희생자들이 왜 그렇게 고통을 받으면서도 집을 떠나지 못하는지 인터뷰하는 것을 본 적이 있다. 그들은 이렇게 말한다.

"저도 그만 폭력에서 벗어나고 싶어요. 그런데 막상 나가면 어떻게 살아야 할지 막막해서요."

이 말은 자립심이 얼마나 중요한지를 시사한다. 자기 자신을 지키려면 인간은 자립심을 가지고 독립적으로 생활할 수 있는 능력을 길러야만 한다. 아무것도 없이 거리로 당장 나서야 한다고 해도 살아갈 수 있다는 배짱과 능력이 있어야 자립심을 기를 수 있다.

그러나 이런 방법은 차선책이다. 일단은 가정 내에서 폭력이 근절될 수 있도록 평화적인 해결책을 모색해봐야 한다. 자신을 괴롭히는 가정폭력의 가해자가 지금 겪고 있는 정신적 혼돈의 이유를 알아보고 그가 정상적인 사고를 할 수 있도록 도움을 주는 것이 중요하다. 가정폭력은 사회의 근간인 가정에서 벌어지는 위험한 사태다. 만약 자신이 가정폭력의 피해자라면 절대로 자신을 방치해서는 안 된다. 어떻게 해서든 그것을 멈추게 하든지 아니면 그곳을 탈출하든지 해야만 한다. 그대는 건강하고 행복하게 살기 위해 태어난 사람이기 때문이다.

65

세상은 불공평하다

서울의 번화가에서 무차별적인 테러가 발생했다. 평소 통행량이 많던 그 거리는 그 사건 이후로 공포의 거리가 되었다. 범인은 서른 중반의 평범한 회사원. 그 자리에서 붙잡힌 그는 전혀 반성의 기미를 보이지 않았다. 취조실에서 검사가 그에게 물었다.

"왜 그런 짓을 저질렀습니까?"

그러자 그가 태연하게 대답했다.

"별 이유 없었습니다. 그냥 그렇게 하고 싶었을 뿐입니다."

그가 휘두른 흉기로 십여 명 이상의 사람들이 중경상을 입었다. 다행히 사망자는 발생하지 않았지만, 자신의 행위로 무고한 시민이 피해를 당한 것이다. 그런데 그는 명확한 이유를 대지 않았다. 이처럼 이유 없는 범죄는 생각 외로 많이 저질러지고 있다. 이유 없이 친구를 괴롭히고, 이유 없이 물건을 훔치고, 이유 없이 불을 지르는 사람들.

어떤 사람이 야산에 이십 년 동안 이유 없이 방화를 하다가 경찰의 끈질긴 수사와 시민의 제보에 덜미를 잡히기도 했다. 이유 없이 폭행하고, 이유 없이 거짓말하고, 이유 없이 살인을 저지르는 사람들. 그들의 내면에 잠들어있는 무의식은 어떤 것일까. 이런 이유 없는 범죄는 타인과 세상에서 더 나아가 자신에게도 행해진다. 그것이 자살과 자해다. 인간은 누구나 불완전한 존재다. 그래서 모든 행동에 그에 적합한 이유를 댈 수는 없다. 이유 없이 사건을 저지르는 이들의 특징을 알아보자. 그들의 내면에는 이런 무의식이 잠들어 있다.

'세상은 나만 괴롭혀!'

'세상은 나만 가난하게 만들어!'

'세상은 나만 외롭게 만들어!'

'세상은 나만 무시해!'

이런 무의식은 어긋난 세계관에서 비롯된다. 자신의 빈곤을 사회 탓으로 돌리고, 자신의 무능을 나라 탓으로 돌리며, 자신의 불행한 처지를 자신에게서 찾지 않고 다른 곳에서 이유를 찾는 것이다. 다시 말해서, 남의 탓을 하기 시작하면 왜곡된 세계관을 가지게 될 수 있다는 뜻이다. 지금 만약 그대가 이유 없이 우울하고 짜증 난다면 그래서 죽고 싶은 생각이 든다면 그건 세계관이 잘못되어 있다는 증거다. 지금의 이 현실이 세상 탓이라고 여기는 무의식이 내부에 잠재되어 있을 것이다. 그런 왜곡된 세계관을 떨쳐내지 않는 이상 현실은 개선되지 않을 것이다. 더 비참해지고 더 외로워질 것이 분명하다.

 만일 그대가 지금 이유 없이 죽고 싶다면 기억하라. 그 기분은 이유 있는 기분이다. 현재가 답답하고 일이 뜻대로 풀리지 않는 등의 뚜렷한 이유가 있을 때 죽고 싶다는 극단의 우울감이 발현되다. 무의식에 내재된 세상을 향한 원망과 증오심을 버려라. 지금 이 자리만도 감사하다고 여겨야 한다. 더 잘 사는 사람들을 보면 화가 나는가. 더 높은 지위에 오른 사람들을 보면 질투심이 생기는가. 더 행복한 사람들을 보면 자신이 더 비참하게 여겨지는가. 그런 감정 자체가 바로 잘못된 세계관이 빚어낸 바르지 못한 감정이다. 인간의 본성은 따뜻하다. 다른 사람들이 행복해하는 모습을 보면 자신도 행복한 것이 인간의 속마음이다. 그런 본성을 회복하는 것이 죽음에 대한 유혹을 극복하는 길이다. 이유 없이 죽고 싶다고 자신을 방치하지 마라. 어떤 죽음도 이유 없이 이루어지지는 않는다.

66
동물도 가족이다

나는 강아지를 무척 좋아한다. 그건 아마도 유년기 시절부터 집에서 개를 길렀기 때문일 것이다. 요즘 말하면 똥개, 잡견이었지만 강아지들은 언제나 내게 흐뭇한 미소를 짓게 하는 장본인이었다. 개가 새끼를 낳는 걸 여러 차례 목격할 수 있었다. 강아지는 처음에는 눈이 보이지 않는다. 그래서 눈을 뜨려면 며칠을 기다려야 한다. 그 기다림의 시간이 좋았다.

"엄마, 강아지가 눈 떴어!"

그렇게 즐거워하던 소녀가 나였다. 일곱, 여덟 마리의 새끼들이 꼬무락거리면서 어미젖을 빠는 모습은 신비로운 모습이었다. 어미는 혓바닥으로 새끼를 핥고 또 핥아준다. 개나 사람이나 제 새끼 아끼고 사랑하는 건 같구나, 어린 마음에도 그런 깨달음을 얻었었다. 요즘에는 애견 카페도 있고 시설 좋은 동물병원도 많이 있지만 내가 어릴 적에는 그런 건 꿈도 못 꾸었다. 우리 집 강아지들은 다행히 엄마가 마당 가에 있는 솥에다 끓여주신 밥죽을 먹으면서도 아픈 치레를 하지 않고 잘 컸었다. 어찌나 예쁘던지 난 아기보다 강아지를 더 좋아할 정도였다. 강아지를 보면 지금도 이런 말이 먼저 나온다.

"와, 정말 예쁘다! 귀엽다! 사랑스러워!"

애완동물을 키워보지 않는 사람 입장에서 혹은 애완동물 혐오가의 입장에서는 애완동물을 끔찍이 아끼는 동물애호가들이 이해가 가지 않기도 할 것이다.

"사람도 못 누릴 호사를 동물들이 누리다니 말세다!"

이런 비아냥거림에 애완동물을 키우는 사람들의 가슴은 멍든다. 그런데 애완동물은 그냥 동물이 아니라는 걸 알아주어야 한다. 집에서 키우는 동물은 피를 나눈 가족과 다름없다. 그래서 애완동물이 아프면 가족이 아픈 것처럼 속상하다. 만일 오랫동안 사랑과 정을 준 애완동물이 죽는다면 그 충격파는 엄청나다. 어쩌면 동물은 사람보다 더 인간의 아픈 마음을 어루만져주기도 한다. 그들은 순수한 사랑을 하기 때문이다. 돈을 많이 벌어다 주지 않는다고 투덜거릴 일도 없고 더 큰 아파트로 이사 가지 않는다고 징징거리지도 않는다. 그저 주인이 사랑해주면 꼬리

치면서 감사할 줄 아는 사랑스러운 존재들이다. 이런 가족 같은 애완동물의 죽음은 큰 슬픔으로 다가올 것이다.

그동안 자식처럼 길러온 애완동물의 이름을 불러보자. 메리, 해피, 나비, 바둑이, 꿀꿀이, 사랑이 등. 하늘나라로 훌쩍 떠나버린 그 아이 때문에 지금 얼마나 가슴 아픈가. 살리려고 많이 노력했다. 죽지 않고 살아만 주었다면 얼마나 좋았을까. 이런 마음도 들 것이고 살아 있을 때 더 잘해주지 못해서 정말 미안하다는 마음도 들 것이다.

그대의 해피, 나비, 희망이, 바둑이, 사랑이는 지금 이 세상에 없다. 그럼 어디에 있을까. 바로 그대의 영혼과 정신에 함께하고 있다. 그대가 살아있는 동안 사랑하는 애완동물은 늘 함께할 것이다. 외출하고 집에 들어오면 반갑게 꼬리 치던 그 아이는 지금 없지만, 그대의 가슴 속에는 항상 살아 있다. 그러니 울지 말고 현실을 받아들여라. 육신은 덧없는 것이다. 우리도 언젠가는 육체를 떠날 시간이 올 것이다. 자신의 애완동물의 죽음을 인정하는 것은 정말 피하고 싶은 순간이다. 하지만 이제 현실에서의 그 아이는 떠나보내주어야 한다. 그리고 대신 그대 안의 그 아이와 함께 하라. 그 아이는 지금 그대에게 이렇게 말하고 있다.

"주인님, 그동안 정말 감사했습니다. 요즘에는 키우기 귀찮다고 내다 버리는 사람들도 많은데 주인님은 절 끝까지 지켜주셨어요. 전 주인님 때문에 참 행복했어요. 제가 죽었다고 생각하지 마세요. 전 주인님 안에 있으니까요. 주인님께서 저에게 주신 간식 정말 맛있었어요. 늘 정성 가득한 밥과 간식을 주신 것 감사드립니다. 주인님과 같이 공원을 산책하던 일 즐거웠고요. 주인님이 절 씻겨주실 때 참 시원했답니다. 제 육신은 비록 사라졌지만 제 마음은 항상 주인님과 함께 하고 있잖아요. 주인님. 울지 마세요. 전 주인님이 전처럼 많이 웃으시고 행복하셨으면 좋겠어요. 그래야 저도 마음이 편하답니다."

67
남자나 여자나 동등한 인간이다

여자라서 차별받고 남자라서 차별받는 일이 비일비재하다. 특히 여자라서 차별받는 일은 그 빈도수가 더 잦다. 똑같은 일을 해도 남자에 비해 여직원은 그에 못 미치는 금액을 받는 것이 현실이다. 이건 분명히 온당치 못한 일이다. 하지만 그러한 사회 관습을 한 개인의 노력만으로 타파하기는 어려운 실정이다. 그런데 요즘은 남자들도 차별받는다고 아우성이다. 고속도로에 여자 화장실을 더 늘리겠다는 정부의 발표에 남자들이 왜 자신들을 차별하느냐고 하소연한다. 군 가산점제를 부여하겠다는 정책에 여성들이 남녀 차별이라고 들고일어나고 임신, 출산, 육아를 이유로 퇴직했다가 재취업하려는 여성들에게 가산점을 부여하는 이른바 "엄마 가산점제 법안"의 상정을 놓고 역차별 논쟁이 일고 있다.

어차피 이 세상은 남자와 여자 두 성이 만들어가는 세상이다. 그런데 이 두 성이 절대 서로 손해 보지 않고 살겠다고 하면 매우 피곤해진다. 여성이 더 특별히 대우받는 세상을 만들겠다고 하면 남성들이 가만있을 리 없고 남성들이 남성들만 살기 편한 세상을 만들려고 한다면 여성들이 좌시하지 않을 것이다. 그렇지만 두 성이 완벽하게 공평하게 살게 만들 사람은 없다.

그렇다면 이런 성차별은 우리가 인정하고 넘어가야 하는 일이다. 세상에는 성적 차별이 존재한다는 걸 미리 머릿속에 입력시켜 놓으면 막상 그런 일이 닥쳤을 때 당황하지 않게 된다. 그렇다고 해서 남성과 여성이 원수처럼 으르렁거리면서 지내야 하는 건 아니다. 성적 차별이 존재함에도 불구하고 여자와 남자는 서로 공존해야만 하는 운명이다. 자신이 조금 손해 본다고 해서 화를 내던 예전 버릇은 이제 버려야 한다. 성차별이 인간에 대한 차별은 아니다. 어떤 이유로 성적인 차별을 받았더라도 일단은 침착하게 반응해야 한다. 그것은 어쩌면 대대로 내려온 관행일지도 모르고 별 의미 없이 한 말일 수도 있기 때문이다. 하지만 그것이 정말로 인간 자체를 모독하고 자신의 성에 대한 불합리하고 의도된 비하라면 당당하게 대응해야 한다.

지금 성차별을 받아서 가슴에 상처를 입었는가. 이제부터는 자신의 성에 대해 공부를 하자.

만일 그대가 여성이라면 여성의 특징을 잘 아는 것이 중요하다. 여자는 섬세하고 감성적이고 사랑이 많은 존재다. 그러므로 여성으로서의 강점을 잘 활용해야 한다. 여성은 남자들의 우발적이고 충동적인 행동을 잘 컨트롤할 수 있는 존재다. 자신의 그런 특징을 잘 알고 자신을 단지 여성이라고 해서 차별하는 사람을 잘 포용해야 한다.

또한 남자는 도전적이고 이성적이며 용맹스럽다. 위대한 학자나 탐험가 중에 남성들이 특히 많음을 알 수 있다. 남자들은 사랑 표현은 서툴지만, 가슴속에 사랑의 마음이 가득하다. 더불어 매우 지성적이고 합리적인 사고방식을 가지고 있다. 그리고 추진력도 강하다. 이러한 남자의 특징을 잘 알고 활용해야 한다. 여성들이 자신에게 무엇을 바라는가를 한 번은 생각해보고 행동하는 것이 좋다. 무조건 들이댄다고 여자들이 좋아하지는 않는다. 남자로서의 강점인 이성적인 면을 잘 살려서 여자들을 세심하게 배려하여야 한다. 여자들은 그런 남자를 좋아한다. 배려해주는 남자, 헤아려주는 남자에게 성차별을 할 여자는 이 세상에 없다는 걸 기억하라.

차별받은 사람의 심정은 비참하다. 그렇지만 이제부터는 그런 비관론을 버려도 좋다. 여자도 남자도 한낱 인간일 뿐이다. 인간의 기본 심리를 잘 안다면 차별받아도 호탕하게 웃어넘길 수 있는 여유가 생길 수 있다. 인간의 기본적인 심리는 "자신을 알아 달라."라는 것이다. 즉, 자신이 여기에 있으니 자신이란 존재를 봐주고 반갑게 인사해주고 사랑해주라는 의미이다. 차별하는 사람은 그 마음속에 차별받은 상처가 있을 가능성이 높다. 자신이 공정한 사랑을 받아보지 못했기 때문에 표현력이 서툴 수밖에 없고 또다시 그런 악순환을 이어가고 있는 것이다. 이제 자신을 차별하던 그 사람에게 손을 내밀어야 할 시점이다. 제발 자신을 알아달라고 울고 있는 사람이 바로 그대를 차별하는 그 사람이다. 먼저 손을 내밀어서 따뜻하게 안아주어라. 그래서 차별받는 사람이 없는 세상을 만드는데 기여하길 바란다.

68
해고당해서 삶이 막막하다

40대 후반의 가장이 있다. 그에게는 자신이 책임져야 할 가족이 많다. 이제 중학생이 된 두 딸, 갓 돌이 지난 막내아들, 아내, 팔순의 노부모 등. 게다가 아내는 정신지체 장애가 있어서 정상적인 사회생활을 하지 못하는 상황이다. 자신이 일하지 않으면 그야말로 입에 풀칠하기도 어려운 처지이다. 이런 모든 상황을 잘 알기에 그는 더욱 성실하게 생활했다. 술자리도 하지 않았고 이십 년 동안 한 직장에 꾸준히 다녔다. 우수 사원으로도 뽑혔었고 무단결근 한 번 하지 않고 열심히 일했다. 그런데 회사의 오너가 투자를 잘못 하는 바람에 큰 손실을 보게 되었다. 그래서 정리해고의 절차를 밟게 되었고, 그를 비롯한 몇 명의 사원들이 회사의 사정상 대상에 들었다. 해고를 당한 날, 그는 눈물조차 나지 않았다. 차마 떨어지지 않는 발걸음으로 정들었던 회사 정문을 나서면서 숱한 생각이 스쳐 지나갔다.

"죽고 싶다. 이제 난 어떻게 살아야 할까?"

이 생각이 가장 먼저 났다. 들어갈 돈은 많은데 일터에서 쫓겨나는 설움을 겪게 된 그의 심정은 이루 말할 수 없이 착잡했다. 우리들 주변에서 일어나고 있는 실제 상황이다. 해고를 당한 채 시름에 젖어 있는 이 땅의 아버지들, 어머니들의 이야기다. 비정규직은 언제 해고당할지 모르는 채 오늘도 아슬아슬한 줄타기를 하듯 일하고 있다. 정규직도 그리 안전한 것이 아니다. 불안전한 안보, 경제 상황은 튼튼해 보이던 기업도 하루아침에 도산하게 만들고 있다. 해고는 특정한 사람들만 당하는 일이 아닌, 누구나 해고될 가능성에 노출되어 있다고 봐야 한다.

지금 해고를 당해서 죽고 싶은 심정인가. 고용이 불안정한 현시대에서 해고는 피할 수 없는 숙명일지도 모른다. 그렇더라도 그런 일을 막상 본인이 겪게 되면 견디기 힘든 것이 사실이다. 죽음을 저울질할 만큼 이 사건은 심히 중대한 사건이다. 왜냐하면 해고로 인해서 벌어질 부정적인 일들이 눈에 선하기 때문이다. 밀려드는 독촉장, 비어가는 통장, 그리고 필요한 것을 살 수 없는 경제적 고통 등. 이런 부정적인 일련의 일들이 머릿속에 그려지기 때문에 해고당하는 사람은 죽고 싶은 심정이 되는 것이다.

자, 그럼 해고당한 이 시점에서 무엇을 어떻게 해야 할까를 생각해 보자. 인간은 생각의 동물이고 그 생각이 일생을 지배한다. 올바르고 정확한 판단력을 발휘해서 위기를 극복해나가도록 해야 한다. 인생의 위기인 이 시점에서 그대가 해야 할 일은 우선 부정적인 예상을 긍정적인 예상으로 바꾸는 일이다. 자신이 해고당한 사실을 숨기지 마라. 솔직하게 자신의 실직을 가족들에게 알려야 한다. 그래야 가족들도 함께 이 난관을 헤쳐나갈 수 있게 되는 것이다. 출근할 회사가 사라졌는데 멀쩡히 아침밥 먹고 출근해서 공원이나 찜질방을 배회하는 것이다. 그러나 그대는 그런 사람이 되어서는 안 된다.

인생은 무한한 기회의 시간이다. 해고를 당했다는 건 새로운 일에 도전할 수 있는 절호의 기회가 왔다고도 볼 수 있다. 어느 회사에서 해고당한 사람이 직접 사업체를 차려서 훗날 자신을 해고한 회사보다 더 큰 회사의 사장이 된 실화도 있다. 이렇듯 극히 부정적인 상황에서도 인간은 얼마든지 다시 일어설 수 있는 저력이 있는 존재다. 자신의 내면에 잠재된 능력을 믿고 새로운 일에 도전하라. 누구나 해고당할 수 있다. 하지만 해고를 당한 후에 자신을 추스르고 다시 일어서는 건 용기 있는 자만이 할 수 있는 일이다. "만일 내가 해고당하지 않았더라면 어쩔 뻔했어!" 이런 말이 나올 수 있도록 긍정적으로 살아가자.

69
고소당해서 억울하고 분하다

　순박한 우리네 보통 사람들은 경찰서에 가는 것만도 심장이 두근거린다. 경찰서 앞을 지나갈 때도 약간은 긴장된다. 길거리를 걸어가는데 경찰이 붙잡으면 지은 죄가 없어도 흠칫 놀라는 게 보통 사람들이다. 경찰서나 경찰 등은 뭔가 위협적인 면이 있다. 사실 요즘은 경찰들도 국민을 위해 봉사하는 일이 더 많아졌고 친근해지기도 했다. 하지만 사람들의 뇌리에는 경찰과 경찰서는 약간은 두려운 존재다. 그래서 사는 동안 그런 곳에 자주 가지 않는 것이 좋다,라고 생각한다. 그렇지만 어디 사는 게 내 뜻대로 되는가. 살다 보면 별별 일이 다 생기고 하고 싶지 않은 일을 해야 한다. 또 가고 싶지 않은 곳도 가야 한다.
　언젠가 친구의 남편이 고소를 당한 적이 있었다. 그 내용은 자세히 모르지만, 친구의 남편은 잘못한 것이 없었다. 모두 다 거짓 내용의 고소였다. 그럼에도 고소는 받아들여졌고 진실을 밝히기 위해 경찰은 친구의 남편에게 출두요구서를 보냈다. 친구의 남편은 억울하지만 어쩔 수 없이 경찰서에 가야 했다. 만일 그가 지정된 날짜에 경찰서에 출두하지 않는다면 혐의를 인정하는 꼴이 되기 때문이다. 친구가 내게 하소연했다.

"정말, 속상해. 죄도 짓지 않았는데 왜 우리 남편이 고소를 당해야 하느냐고."

이런 고소사건이 요사이 남발되고 있어서 경찰은 큰 골칫거리라고 한다. 그런 무고한 고소사건을 처리하느라 정자 중요한 시간을 나둘 시간과 인력이 낭비되고 있기 때문이다. 다른 사람을 괴롭힐 작정으로 허위사실을 만들어서 고소장을 접수하는 사람들이 그만큼 많다는 사실을 알 수 있는 대목이다. 이렇게 자신은 아무런 죄가 없는데 고소를 당한 경우라도 경찰서에 간다는 건 떨리는 일이다. 특히 순박하고 착한 사람일수록 그 정도는 심하다.

친구의 남편은 출두하는 날, 약을 두 병이나 마시고 갔다. 다행히 조사 결과 혐의 없음으로 인정되어 기소되지 않았지만 어찌 되었든 친구의 남편은 고소를 당한 후에 정신적으로 매우 힘들어했다.

"경찰서 다녀와서 사람이 우울해졌어. 대질심문을 받는 동안 많이 힘들었대. 그이가 요즘 심장이 두근거려서 잠이 오질 않는다고 해."

죄가 있을 때 고소를 당했다면 자신의 죄만큼 벌을 달게 받겠다는 생각을 하면 마음이 편해진다. 죄가 없는데 무고하게 고소를 당했다면 언젠가 진실은 꼭 밝혀질 것이라고 믿고 있으면 마음이 편해진다.

우리나라 경찰들은 죄 없는 사람을 기소하지는 않는다. 그럴듯한 거짓말로 고소를 했다고 해도 경찰들이 진실을 밝혀낼 것이다. 그러니 공명정대한 경찰을 믿고 너무 가슴 졸이고 불안해하지 말기 바란다. 그래도 가슴이 진정이 되지 않는다면 내 친구의 남편처럼 마음을 안정시키는 약을 먹고 가는 것도 좋은 방법이다. 어떻게든 자신을 진정시켜야 형사님들의 질문에 정확하게 대답할 수 있다. 죄가 있든, 없든 인간으로서의 존엄을 가지고 심문에 응해라. 비굴하게 구걸하지 말고 자신의 죄가 있으면 죄만큼 처벌을 받고 없으면 논리적으로 무죄를 입증해줘라. 이젠 걱정하지 않아도 된다. 고소사건은 살다 보면 한 번 맞는 소나비 같은 것이다. 흠뻑 젖어보면 다음부터는 젖지 않게 하려고 조금 더 몸가짐을 조심할 수 있게 될 것이다. 좋은 인생 경험이라고 생각하고 침착하게 대처하라.

70
나이 듦에 대하여

늦가을이 되면 풍성한 열매를 맺던 과실수들도 서서히 시들어간다. 그렇게 푸르던 나뭇잎은 푸석푸석해진 채 지표면에 흩날리고 가지도 윤기를 잃고 말라간다. 열매가 떨어진 자리에는 뭉툭한 상처 자국이 남아 그 위로 세월의 먼지가 낀다. 사람이나 새들이 먹지 못한 열매들은 땅으로 떨어져 썩어버리고 나무는 겨울이 오기도 전에 모든 잎들을 다 털어낸 채 다음 봄을 준비하는 것처럼 보인다.

우리는 한 번쯤 시인이 되어 인생의 덧없음을 노래하며 젊음과 청춘이 서서히 사라져 가는 자신의 모습을 보면서 늙어감을 한탄하게 된다. 서른 살에는 스무 살의 청춘이 그립다. 마흔이 되면 서른 살 때가 한창이었지, 하면서 그리워한다.

영화 <수상한 그녀>는 70대 할머니가 영정 사진을 찍다가 우연히 20살 청춘의 몸을 갖게 되면서 벌어지는 에피소드를 다루었다. 사람들은 젊음을 항상 갈구한다. 나이 들수록 외모, 건강, 기억력 등 잃는 것이 많기 때문이다.

우리나라는 세계 어느 나라에서도 찾을 수 없는 동안에 대한 열풍이 식을 줄 모른다. 불황 속에서도 안테에이징을 위한 지출은 매년 늘어나고 있다고 한다. 평균 수명은 길어지고 있지만, 사람들은 여전히 '나이 듦'에 대해 불안해하고 두려워 한다. 나이가 들어도 젊게 살려고 애쓰는 것은 좋으나 결국 피할 수 없는 노화를 인정하고 기분좋게 수용하는 자세도 필요하다.

늙음을 생물학적으로 보면 신체적 기능이 퇴화돼 질병을 갖게 됨을 의미하고 사회적으로는 주어진 역할의 약화, 상실로 고독과 외로움을 느끼고 경제적 활동의 제약으로 빈곤에 빠질 가능성이 높음을 의미한다. 그래서 대부분의 사람들은 젊음에 비해 나이 듦, 늙는다는 것을 부정적으로 받아들이는 경우가 많다. 흔히들 노후에 대한 대비를 이야기하면 재테크, 연금, 보험 등 경제적 계획에만 관심을 보일 뿐 정작 중요한 마음가짐에 대해서는 관심이 없다. 또한 되도록이면 나이 들어 보이지 않아야 한다는 것을 지나치게 중요시하는 사회 분위기 속에서 젊게 보이기 위해 성형수술, 미용시술, 패션 화장법 등 외모에만 집중된다.

우리나라는 2018년에는 노인 인구가 전체 인구의 14%를 넘는 고령 사회 진입이 예측된다고 한다. 노인 인구는 폭발적으로 증가하는데 노인 자살률은 세계 1위라는 불명예를 안고 있다. 국가적 차원에서 정책도 중요하지만, 우리 스스로 늙음에 대하여 긍정적인 마음을 갖고 행복한 노년을 위해 준비하는 자세도 필요하다. 나이 듦을 자연스러운 것으로 받아들이고 활기 넘치는 노년을 위해 가장 많이 신경 써야 할 것은 건강이다.

71
빚 때문에 힘들다

빚 없이 사는 사람이 드물 정도로 우리 사회는 빚을 권하고 빚지는 일이 쉬운 것 같다. 빚도 재산의 일부라고 말하는 사람도 있다. 자신의 처지에 맞는 적당한 빚은 어려움을 헤쳐나가게 해주는 고마운 것이기도 하다. 그러나 자신이 감당하지 못할 빚을 지는 것은 큰 문제가 아닐 수 없다. 빚 때문에 자살하는 사람은 생각보다 많다. 뉴스에 나오는 자살자들의 대부분이 빚을 진 상태에서 극단의 선택을 하였다. 그만큼 빚지고 사는 것이 힘들다는 증거일 것이다.

빚! 적당히 빌려 쓰면 위기를 돌파할 힘이 되어주지만 많은 사람들이 그걸 갚지 못해서 고통을 겪게 하는 것. 빚 독촉 때문에 지금 죽고 싶다면 이 시점에서 자신이 어떤 생각과 선택을 해야 할지 함께 고뇌해보자.

어떤 주부가 은행 빚을 내서 작은 사업체를 인수받았다. 남편 몰래 벌인 사업은 많은 노력에도 불구하고 망하고 말았다. 그녀는 은행 빚의 원금은커녕 이자도 갚지 못해서 사채를 빌려 써야 했다. 그러나 결국에는 사채도 갚지 못하고 빚 독촉에 시달려야 했다. 악덕 사채업자에게 잘못 걸려들어서 온갖 수모를 다 당했다. 그래도 남편에게는 말할 수 없었다. 남편 몰래 벌린 일이었기 때문이다. 이 주부는 결국 자신의 아파트 화단에서 숨진 채 발견되었다. 그녀가 가족에게 남긴 것은 10억 원이 다 되어가는 빚이었다. 원금의 열 배가 넘는 이자가 붙어서 그렇게 된 것이었다. 그녀가 잘못한 것은 무엇인가. 우리는 여기서 그녀가 무엇을 하지 않았으면 좋았을지 함께 생각해봐야 한다.

일단 그녀는 남편 몰래 사업을 벌이지 않았어야 했다. 배우자 몰래 사업을 벌인다는 건 가정의 평화와 안녕을 해치는 일이다. 같이 더불어 살아가는 가정이기 때문이다. 그리고 또한 은행 빚을 갚지 못했다고 해서 사채를 빌려 쓰는 무모한 행동을 삼가야 했다. 만일 그녀가 사채를 빌려서 갚을만한 충분한 여력이 있었다면 괜찮지만, 그녀는 이미 그럴 능력조차 없는 상태였다. 결국 사채를 빌려 쓴 건 일단 막고 보자는 심리가 작용한 것이다. 그리고 또 한 가지 잘못한 것은 악덕 사채업자가 과도한 이자를 물리고 지나친 추심행위를 했는데도 혼자서 참고 견딘 것이다. 그럴 때는 가족들에게 알리고 경찰서에도 신고해야 한다. 법적으로 지나친 추심행위는 금지되어 있다.

자, 이젠 그녀가 아닌 그대 자신을 살펴보라. 지금 빚 독촉 때문에 힘들다면 이 빚을 자신이 갚을 수 있는 것인지 객관적으로 생각해보길 바란다. 그래서 갚을 수 있는 빚이라면 어떻게든 갚아야 한다. 그런데 어떻게 해도 갚을 방법이 없다면 파산신청을 해야 한다. 파산신청을 부정적으로만 볼 것은 아니다. 그것은 개인이 빚 때문에 죽을 수도 있는 상황에서 택할 수 있는 최선의 선택이기도 하다. 파산신청을 하기 싫다면 부채를 끌어안고 살아가야만 한다. 그러면 어쩔 수 없이 빚 독촉을 받게 되어 있다. 지나치고 불법적인 추심행위가 아니라면 그건 자신이 감당해내야 하는 부분이다. 그러므로 빚 독촉을 받는 마음가짐을 바꿔라.

"언제까지 갚을 건가요?"

"글쎄요. 이번 달 말에는 어떻게든 해볼게요."

이런 대답은 곤란하다. 일단 글쎄요,라는 말은 하지 말아야 한다. 그것은 확신도 없고 자기 자신에 대한 믿음도 없고 상대방에 대한 예의도 없는 무성의한 대답의 극치다. 또한 어떻게든 해볼게요, 란 말도 어이없는 말이다. 돈을 빌렸으면 책임을 져야 한다. 하루에 십만 원을 벌기 위해 뙤약볕에서 땀을 뻘뻘 흘리며 시멘트 포대를 나르는 건설노동자들을 생각해보라. 자신이 빌린 돈은 상대방의 목숨과 같은 돈일 수도 있다. 어떻게든 갚겠다는 생각을 가지는 건 인간의 기본적인 도리다. 갚고 싶은데 상황이 그렇게 되지 않는다면 그건 전적으로 자신의 책임이지 상대방에게 공동의 책임을 지라고 강요할 사항은 아니다.

즉, 자신이 빚을 갚을 상황이 안 된다고 해서 상대방의 돈을 갚지 않아도 된다는 생각은 버려야 한다는 의미다. 빚 독촉은 당연하다. 그러니 그것에 지나치게 발끈하거나 서운하게 생각하지 마라. 그 대신 미안한 마음을 가지고 어떻게 해서 그 빚을 갚을까를 고민하라. 내가 만일 상대방이라면 어떨까를 생각하라. 내가 누군가에게 한 달 동안 힘들게 일해서 모은 돈 백만 원을 빌려주었는데 갚지 않고 배 째,라고 한다면 기분이 어떨까를 생각하라. 그런 생각만으로도 빚 독촉하는 상대방의 심정을 충분히 이해할 수 있게 될 것이다. 더불어 빚 독촉 때문에 죽고 싶다는 마음도 차츰 사라질 것이다.

72
각주구검(刻舟求劍)의 지혜

중국 진나라 때 책 《여씨춘추》에 '각주구검(刻舟求劍)'이라는 말이 있다. 이 말에 얽힌 이야기는 다음과 같다.

초나라의 어느 한 사람이 배를 타고 강을 건너다가 그만 칼을 물에 빠뜨렸다. 그는 얼른 뱃전에다 자국을 내어 칼이 떨어진 지점을 표시해 두었다. 그리고 얼마 후, 배를 세우게 하고 표시해둔 뱃전 근처의 물속으로 들어가 칼을 찾으려고 하였다.

이 초나라 사람은 매우 어리석다. 칼이 떨어진 지점을 한참 지나왔는데 엉뚱한 곳에 새긴 표지를 기준으로 칼을 찾으려 했다. 문제의 본질을 제대로 알지 못한 채 임시방편으로 해결하는 것은 근본적인 해결책이 되지 못한다는 것을 의미하기도 하고 이미 지나간 일에 대한 집착으로 현재의 중요함을 알지 못한다는 의미일어 수도 있다.

칼을 찾으려면 칼이 떨어진 지점을 곧바로 확인하고 물속으로 뛰어들어가야 한다. 그러나 당장 그렇게 하기에는 뭔가 망설여지고 힘드니까 문제의 본질을 외면하고 배에다 표시하는 것으로 마무리한다. 정자배는 움직이고 칼이 떨어진 정확한 지점은 이제 알 수 없게 된다.

우리는 살아가면서 많은 문제들과 어려움, 고통과 맞부딪치게 된다. 그럴 때마다 뱃전에 표시하는 것으로 적당히 넘어가기 쉽다. 이런 임시방편은 잠시 안도감만 줄 뿐이고 후에 더 큰 어려움을 불러오는 원인이 된다.

아무리 어렵고 힘들더라도 눈앞의 고통을 잠시 모면하기보다 정면으로 맞서서 고통에 익숙해져야 한다. 그러면 자신에게 닥친 고통을 객관화시킬 수 있는 여유가 생기고 원인 분석을 하게 되어 보다 나은 해결책을 찾을 수 있다.

73
다른 사람에게 짐이 되기 싫어서
버티고 있지만……

자살을 시도한 적이 있는 사람들에게 물었다. 왜 그런 선택을 한 겁니까? 그러자 그중에 많은 사람들이 이런 말을 했다고 한다. 다른 사람에게 짐이 되기 싫어서요. 구체적으로 들어가 보면 다음과 같다.

"취직도 못하고 더 이상 부모님께 짐이 되기 싫어서요."

"늙고 병든 몸 더 이상 자식들에게 짐이 되기 싫어서요."

"아무것도 가진 것 없이 더 이상 형제, 자매에게 짐이 되기 싫어서요."

"나 때문에 고생하는 아내에게 더 이상 짐이 되기 싫어서요."

"더 이상 남편에게 짐이 되기 싫어서요."

대부분 가족들에게 짐이 되기 싫어서다. 암으로 투병하던 50대가 가족들에게 짐이 되기 싫다는 유서를 남기고 투신한 사건, 치매에 걸려 남편으로부터 20년 넘게 수발을 받던 아내가 남편에게 더 이상 짐이 되고 싶지 않다고 목을 맨 사건. 이런 일련의 사건들만 봐도 얼마나 많은 이들이 다른 사람들에게 짐이 되는 걸 경계하고 있는지 알 수 있다. 다른 사람에게 짐이 된다는 건 자립적 인간으로서의 자부심에 금이 가는 일임이 분명하다. 하지만 그것도 인생의 일부분임을 받아들여야 하지 않겠는가. 언제나 다른 사람들에게 모범이 되고 다른 사람들을 돌보고 살 수만은 없다. 가끔은 다른 사람들보다 처질 때도 있고 도움을 받을 때가 생긴다. 이것을 나는 사람에게 손해를 끼친다는 입장에서만 보면 살맛이 날 수가 없을 것이다.

    특히 가족에게 짐이 된다는 표현은 잘못된 것이 아닐까 싶다. 가족은 피를 나눈 관계다. 비록 나가 아닌 다른 사람인 건 맞지만, 가족이란 특수한 관계에서만큼은 짐이 되었다는 자괴감은 버려야 한다. 대신 얼른 건강해지고 얼른 경제적으로 독립해야겠다는 생각을 하는 게 옳다. 자신이 가족들에게 짐이 된다는 생각만 하고 있으면 가정이 늘 우울해질 수밖에 없다. 환자를 보호하는 보호자의 입장에서도 밝게 웃는 모습을 보는 게 스트레스를 덜 받는다. 경제적으로 가족들을 곤궁에 빠지게 한 경우라도 긍정적이고 쾌활한 모습을 보여주는 게 좋다. 그래야 기회도 더 많이 주어진다는 사실을 잊지 말자.

가족은 서로 돌보아야만 하는 책임이 있는 관계다. 그러므로 지금 그대는 가족에게 짐이 된 것이 아니다. 그대의 가족 누군가가 그대와 같은 처지가 되었다면 그대는 그 가족을 외면할 것인가. 그렇지 않을 것이다. 어떤 상황에서도 가족은 외면할 수 없는 관계이기 때문이다. 그대가 먼저 변해야 가정이 밝아진다. 우울한 낯빛으로 가족들을 대하는 것이 진짜로 짐이 되는 행동이다. 자신이 병으로 가족들을 힘들게 한다고 해도 그걸로 자학해서는 안 된다. 오히려 힘을 내고 기운을 차려서 가족들을 위로해야 한다. 그러면 가족들도 자신들이 해야 할 일을 더 열심히 할 수 있다. 한 사람이 아프다고 가족 전체의 분위기가 우울해서는 곤란하다.

부모라면 마땅히 자식들의 돌봄을 받을 권리가 있다. 그대가 만일 그런 부모라면 자신이 자식을 낳고 길러온 과정을 떠올려보라. 잠도 자지 못하고 똥 기저귀 갈아주면서 키워온 자식들일 것이다. 자신은 먹고 싶은 것도 제대로 못 먹고, 입고 싶은 것도 제대로 못 사 입고 그렇게 길러온 자식들 아닌가. 자신에게는 돈 쓰는 것이 그렇게도 망설여지지만 자식들은 좋은 옷, 음식 등을 먹이고 입혀 키웠을 것이다. 그러므로 자식들은 마땅히 부모가 늙고 병들면 돌봐야 한다. 자신이 지금 늙고 병든 부모로서 자식에게 도움을 받고 있더라도 죄책감을 느낄 필요가 없다. 당연히 받아야 할 것을 받는 중이기 때문이다.

다른 사람에게 짐이 되어서 죽고 싶다고 생각하는가. 그 생각은 결코 바람직하지 못하다. 만일 그런 생각으로 그대가 지금 죽어버린다면 그대가 그토록 염려하던 그 사람이 더욱 고통받게 되어 있다. 자신이 잘못 해줘서 그런 선택을 했노라고 평생을 가슴을 치며 후회하면서 살 것이다. 그러니 이젠 그런 유약하고 소심한 생각은 버려라. 다른 사람에게 짐이 된다고 생각하지 말고 서로 돕고 사는 세상에 당연히 받을 것을 받는다고 생각하라. 인간은 어떤 순간에도 서로 돕고 사는 존재다.

74
자존심과 열등감 사이

　자존심은 남에게 굽힘이 없이 자기 스스로 높은 품위를 지키는 마음이다. 자신의 가치 능력 등의 자기 평가가 긍정적으로 소속 집단이나 자신으로부터 자기 능력에 대한 승인을 기초로 발생한다. 자존심이 없어지면 우울증 상태를 보이지만 자만과 같은 과도한 자존은 우울 상태를 방어하고자 하는 기제이기도 하다.
　자존심이 낮은 사람은 쉽게 부끄러워하고 설득에 잘 넘어가고 자기 비하, 열등감을 갖기 쉽다. 반대로 자존심이 너무 세면 자신을 드러내기 위해 허영심이 많아진다. 자신에 대해 긍정적인 감정을 갖는 사람은 대체로 타인에 대해서도 긍정적이며 자신을 부정적으로 보는 사람은 타인에 대해서도 부정적이라고 한다.

진정한 자존심은 자신을 받아들이고 인정하고 사랑하고 존중하는 마음이기 때문에 타인의 칭찬이나 멸시에 동요되지 않는다. 이는 자기가 남들보다 잘났다는 것이 아니라 자신이 가장 귀하다는 자각이다.

루스벨트는 '열등감은 스스로 인정하지 않는 한 절대로 생기지 않는다.'고 말했다. 열등감은 누구에게나 한두 가지는 있기 마련이다. 이는 성장 과정에서 다른 사람과 자신을 비교하면서 자연스럽게 만들어진다고 한다. 대부분 사람들은 모두 저마다의 열등감을 갖고 있고 정도에 따른 차이가 있을 수 있다.

열등감은 어떤 이는 성공을 위한 에너지로 활용하는가 하면 또 누구는 열등감에 구속되어 평생을 열등감에서 헤어나지 못하기도 한다. 아인슈타인은 학창 시절 수학을 못하는 열등생이었으며, 에디슨은 학교에서 쫓겨나기까지 했다. 엘비스 프레슬리 역시 첫 오디션에서 트럭 운전이나 계속하라는 악평을 들었다고 한다. 이들은 자신에 대한 믿음으로 열등감을 극복하거나 그 자체를 에너지로 삼아 자기 분야에서 명성을 얻었다. 열등감은 자존감에 상처를 주고 자신감을 떨어뜨려 자신을 하찮은 존재로 여기게 된다. 이런 열등감에서 벗어나기 위해서는 자신을 포장하거나 위장하지 말고 있는 그대로 받아들이고 남과의 지나친 비교는 자제하는 것이 좋다. 지금 이대로의 자신을 격려하고 칭찬하며 자기애를 갖자.

75
삶이 무의미하다

더없이 행복해 보이던 60대 주부가 자살을 했다. 남편은 고위 공무원이었고 자녀들은 모두 해외에서 유학한 후에 엘리트로 활동하고 있었다. 그녀는 수도권 외곽에 있는 어느 저수지 속에서 차량과 함께 발견되었다. 타살의 흔적은 어디에도 없었다. 경찰은 자살로 결론지었다. 그녀가 남긴 유서가 발견되었다. 내용은 대강 이러하다.

"여보, 날 용서해주세요. 이제 난 지긋지긋한 이 삶을 끝내려고 합니다. 무엇이 그렇게도 지긋지긋했느냐고 묻지는 말아주세요. 다만 내가 살아온 인생이 그다지 행복하지는 않았음을 말하고 싶습니다. 다른 사람들에게는 행복한 척했지요. 그렇지만 내 안에서는 끝없이 슬픔이 번져 나왔습니다. 당신은 내 마음을 아실지 모르겠네요. 당신이 일에만 빠져서 저와 아이들을 돌보지 않았어도 다 이해했습니다. 당신이 다른 여자들과 만날 때도 전 다 이해했습니다. 그렇지만 친구들과 가족들에겐 항상 행복한 척했죠. 이제 그런 연기 그만하려고요. 행복하지 않은데 그런 척하기도 싫고 즐겁지 않은데 애써 웃기도 싫네요. 아이들과 당신에게 정말 미안합니다. 지긋지긋한 이 삶에 마침표를 찍고자 합니다."

그녀가 말하고자 하는 건 무엇이었을까. 지긋지긋한 삶에 대한 복수였던 걸까. 지긋지긋한 삶을 제공한 당사자라고 여기는 남편에 대한 항거였을까. 행복하지 않은 결혼생활을 애써 참고 살아온 자신에 대한 단죄였을까. 사람들은 쉽게 지긋지긋하단 말을 하곤 한다.

"정말 회사 다니기 지긋지긋해!"

"공부하기 지긋지긋해!"

"남편이 정말 지긋지긋해!"

"마누라 바가지 긁는 소리 지긋지긋해!"

이렇게 지긋지긋한 것들을 억지로 해가면서 사는 자신이 불쌍하다. 지금 그대는 삶이 지긋지긋해서 죽고 싶다. 지긋지긋하단 말은 일종의 지루하다는 말이다. 삶이 단조롭고 흥미롭지가 않을 때 우리는 흔히 지긋지긋하다는 말을 한다. 그리고 또한 자신이 그 상황을 개선하거나 바꿀 힘이 없을 때 투정부리듯하는 말이기도 하다. 어쩔 수 없이 그렇게 하면서 살아야 하기 때문에 속상하다는 표현이기도 하다. 그렇다면 지긋지긋한 이 삶을 정말 재밌고 흥미로워서 미치게 만들 수는 없을까.

　삶에 대한 흥미를 고취하는 방법은 이것이다. 바로 모든 것들에 대한 호기심을 되찾는 것이다. 유년시절 그대는 매우 호기심 많은 아이였을 것이다. 세상의 모든 것들이 호기심의 대상이었고 호기심 때문에 이것저것 물건들을 해체하기도 했을 것이다. 라디오를 해체해보기도 하고 장난감을 부수어보기도 하였을 것이다. 식물의 잎을 따서 관찰해보기도 하고 꽃잎을 밟아서 그 형태를 관찰하기도 했을 것이다. 그런데 이런 호기심이 나이가 들면 들수록 감소한다. 이제 그대는 그 무엇에도 별 호기심을 못 느낄 것이다. 그래서 삶이 지루하고 싫증 나게 된 것이다. 잃어버린 호기심을 되찾는 것이야말로 삶이 흥미로워지는 지름길이다. 일단 사람들을 관찰해보라. 그들의 표정, 말투, 행동 패턴 등에 관심을 기울여보라. 그러면 평소에는 몰랐던 사람들의 습관이나 특징을 알 수 있게 된다. 또한 그 사람에 대한 친근감도 증가할 것이다. 그리고 사물들을 관찰해보라. 출근길에 펼쳐진 풍경들을 관찰하는 것도 좋은 방법이다.

　아무것도 아닌 것이 사람의 목숨을 살리기도 한다. 한 마리의 나비, 한 송이의 꽃, 한 사람의 말, 한 줄의 감동 글, 한 장의 편지 등. 그런데 알고 보면 아무것도 아닌 것이 아니라 아주 소중하고 값진 것들이다. 사소한 것들이 주는 행복 메시지를 읽어라. 삶이 지긋지긋하다는 건 지금 자신의 인생이 위태롭다는 신호다. 가정생활에서나 사회생활에서 뭔가 문제점이 있을 때 사람은 지긋지긋하다는 감정을 느끼기 때문이다. 이러한 문제점들 대부분은 사소한 것들로 해결될 수도 있다. 따뜻한 한 잔의 커피, 추억이 담긴 사진 한 장, 다정한 한 번의 포옹, 진심이 담긴 감사의 말 한마디 등.

76
더 이상 고통받고 싶지 않다

　사람이 죽고 싶다는 생각을 할 때는 언제일까. 나도 가끔 그런 생각을 했었다. 인간은 고통을 벗어나기 위해 몸부림치지만, 고통은 숙명처럼 따라오게 되어 있다. 태어난 순간부터 죽기 전까지 무수한 고통의 시간들을 겪어내야 하는 것이 인간이다. 물론 다른 생명체도 똑같다. 동식물들 모두가 고통을 이겨내야만 존재할 수 있다. 그렇다면 고통이란 인간과 떼래야 뗄 수 없는 관계란 걸 짐작할 수 있을 것이다. 우리는 고통과 절대 떨어질 수 없다.
　그러나 고통을 곁에 두려고 하지 않는다. 조금이라도 고통스러운 것 같으면 그것이 사람이든, 일이든, 그 무엇이든 멀리하려고 한다. 고통스러운 일을 물론 좋아하라고 말할 수는 없다. 누가 고통을 달게 받고 싶겠는가. 하지만 고통이 우리와 일란성 쌍둥이와 같은 것이라면 이젠 고통을 삶의 일부로 받아들여야 한다고 본다. 우리의 고통은 삶이 지속하는 한 계속될 것이니까.

제발 그만 고통받고 싶다고 외치면서 자신을 죽음에 몰아넣는 것이 자살이다. 이 시간에도 곳곳에서 사람들이 자살을 시도하는 중일 것이다. 그들의 한결같은 소망은 고통 없이 사라지고 싶은 것이다. 그럼 죽고 나면 고통이 진짜로 멈출 것인가. 죽어버리면 모든 고통이 소멸하고 최고의 안락함이 기다리는 걸까.

하버드 대학의 교수가 최근 천국에 다녀왔다는 책을 냈다. 난 그 책을 읽지는 않았지만, 그의 책 내용을 거의 믿는다. 왜냐하면 난 인간이 죽음 후에도 존재한다는 것을 믿는 사람이기 때문이다. 우리는 죽어서 자신이 살아생전에 한 것들에 대한 책임을 져야 할 것이다. 그것은 일종의 인과관계다. 원인이 있으면 결과가 있듯이 살아서 한 일에 대한 책임은 어떤 형태로든 져야만 한다. 그것이 자손의 번성이나 치욕이든, 자신의 영혼이 벌을 받거나 상을 받든, 다시 환생을 하든지 말이다. 그럼 자살은 어떤 결과를 불러올까.

고통받고 싶지 않다는 지극히 불순한 의도로 행해지는 이 행위에 대해서 수많은 고전은 최고의 고통을 받게 될 것이라고 예언하고 있다. 하지만 그런 걸 믿지 않는다고 해도 그 말에 대해서 부정할 수 없는 이유가 있다. 자살하는 사람의 가족은 모두 극심한 고통을 받게 된다는 것이다. 자신의 가족이란 자신의 분신과도 같은 존재들이다. 그들이 고통의 나락에 떨어지게 되고 자신만 죽어서 고통받지 않는다면 그게 다 무슨 소용이겠는가.

고통에서 벗어나려면 죽어서가 아니라 살아서 고통에서 벗어나야 한다. 죽음으로써 고통을 벗어내겠다는 발상은 애초부터 잘못된 것이다. 그런 죽음은 자신의 명예에도 치명적이고 자신을 사랑해주던 사람들의 삶에도 큰 고통을 초래한다. 이제부터는 살아서 어떻게 하면 덜 고통받을 것인지를 생각해보자. 위에서 말했듯이 우리는 고통과 절대 떨어질 수 없는 불가분의 관계다. 그러므로 고통은 당연하다. 숨을 쉬는 동안 우리는 고통과 함께 해야 한다. 단지 현명한 이들은 고통을 고통으로서 보지 않는다는 점을 알 수 있다.

남편이 바람을 피운다? 그걸 고통이라고 생각하면 정말 지독한 고통이 될 수 있다. 하지만 지혜로운 사람이라면 그걸 고통으로 받아들이지 않고 차분하게 일에 대처할 것이다. 남편이 다른 여자를 사랑할 수도 있음을 받아들이고 그럴 경우 자신이 취해야 할 최선의 행동은 무엇인지 잘 알 수 있을 것이다. 반대로 그것이 고통스러운 일이라고 여긴다면 남편이 다른 여자를 사랑할 수도 있다는 사실을 절대 받아들이지 않을 것이다. 그리고 자신이 어떻게 해야 이 상황에서 최선의 선택을 할지에 대해서도 생각하지 못할 것이다. 결국 고통을 고통이라고 여기면서 몸부림치는 사람은 더 깊은 수렁에 빠지게 되는 것이다.

주식 투자했는데 돈을 날렸다? 이것을 고통이라고 생각하면 당장에라도 숨을 끊어야만 하는 최고의 고통이 될 것이다. 하지만 주식투자란 그런 위험성을 감수한 일이었음을 알고 고통이 아니라 있을 수 있는 일이라고 받아들이면 고통이 아닌 것이 된다. 액수에 상관없이 그 일은 가능하다. 무엇이나 다 마찬가지다. 고통스러운 것이라고 생각하면 고통스러운 것이 될 것이지만 그럴 수도 있는 일이라고 생각하면 충분히 이겨낼 수 있는 평범한 일이 된다. 그대가 지금 죽고 싶다고 여기는 그 고통 또한 마찬가지다. 고통이 아니라고 생각하게 되면 더 이상 그대는 고통받지 않을 것이다. 그것은 순전히 자신의 선택에 의해 결정되는 사항이다.

77
희망의 끈

　희망은 절망에 빠진 인간을 일으켜 세울 수 있는 최후의 수단이다. 지진으로 무너진 건물 속에서 십 여일 만에 기적적으로 구출된 소년은 희망을 가지고 버텨냈다고 말한다.
　"살 수 있을 것이라는 희망으로 건물 더미 속에서 빗물을 받아 마시면서 버텼습니다."
　탄광 속에 매몰되어 있다가 구조된 광부도 소년과 같은 말을 했다.
　"포기하고 싶은 순간도 있었지만, 구조될 것이라는 희망을 절대로 버리지 않았죠."
　재난 현장에서 수많은 인명을 구한 구조원의 입에서도 희망이란 말이 나왔다.

"어떤 상황에서도 희망을 버리지 않아야 한다고 생각합니다. 제가 그분들을 살린 게 아니라 희망이 그분들을 살린 겁니다."

헤밍웨이의 소설 《노인과 바다》에서 노인이 죽은 물고기를 지키기 위해 혼신의 힘을 다해 상어와 싸우면서 "희망을 갖지 않는 것은 어리석다. 희망을 버리는 것은 죄악이다."라고 말한다. 어떠한 절망적 상황에서도 희망의 끈을 놓지 않는다면 고비를 견딜 수 있다. 희망은 모든 절망 속에 켜진 등불과 같다. 희망의 등불이 없다면 많은 이들이 용기를 잃고 좌절하여 재기의 발판을 찾지 못하고 헤밀지 알 수 없다.

그대 자신을 믿어라. 자기 자신을 믿고 응원할 줄 알아야 희망과 함께 할 수 있다. 삶이 주는 역경과 고난도 무한 긍정하라. 또한 자신의 능력과 가능성을 무한 신뢰하라. 그래서 그 어떤 고난과 역경도 헤쳐나갈 수 있는 희망을 지녀라. 살아서 이 아름다운 삶을 그대의 것으로 만들어라. 희망을 포기한 죽음은 그대를 구원하지 못할 것이다. 오직 치열하게 살아가는 자에게만 인생은 구원의 손길을 뻗을 것이다.

남아프리카 최초의 흑인 대통령이자 노벨평화상 수상자인 넬슨 만델라의 삶을 보면 '희망'이라는 말의 소중함을 알 수 있다. 만델라는 정치범으로 독방에 갇힌 지 4년째 되던 해에 어머니를 잃었고, 그 다음 해에는 큰아들을 자동차 사고로 잃었다. 아내와 딸은 강제로 흑인 거주 지역으로 끌려갔고 둘째 딸은 심한 우울증을 앓았다. 이런 기막힌 상황을 위해 그가 할 수 있는 것은 아무것도 없었다. 가족들이 그토록 고통받는 이유가 자신 때문이라는 생각이 들 때마다 절망의 늪으로 빠져들었다. 그렇게 감옥에서 14년째였던 어느 날 맏딸이 그를 찾아왔다. 손녀의 이름을 지어 달라고 감옥으로 편지를 보낸 맏딸은 이름을 지었느냐고 만델라에게 물었다. 만델라는 쪽지 한 장을 내밀었고 그 쪽지를 조심스럽게 펼쳐본 딸은 그만 울고 말았다. 쪽지에 적힌 손녀의 이름은 바로 '희망'이었다.

   사람은 더 이상 희망을 찾을 수 없을 때 삶의 끈을 놓아 버린다. 그래서 희망을 잃는다는 것이 죄악이 되는 것이다.

Chapter 3

살아야 하는 열두 가지 이유

커튼을 젖혀서 밝은 햇살을 맞아들여라.
찌푸리고 앉아 있으면 기분이 좋지 않기 마련이다.
일어나서 활발하게 움직여보라.
자신이 무엇이 될지 아직 모르니까
삶은 더 극적이고 모험 넘치는 것이다.
자신의 가능성을 활짝 열어두고 열심히 살아라.
성실하게 노력하면 못할 일도 없다.
힘차게 꿈을 향해 달려가라.

첫 번째 이유

그대란 사람이 무엇이 될지 아직 모르니까!

    그대의 삶이 아무리 힘들고 괴롭더라도 꼭 살아야 하는 이유는 그대란 사람이 무엇이 될지 아직 모르기 때문이다. 그대에게는 세상을 깜짝 놀라게 할 무언가가 있다. 왜 그것을 포기하려고 하는가. 앞으로 무엇이 될지 궁금하지 않은가. 나는 십 년 후의 내 모습이 너무나 궁금하다. 그대 역시도 십 년 후의 자신의 모습이 무척 궁금할 것이다. 과연 나는 어떤 사람이 되어 있을까. 이 궁금증을 해소하기 위해서라도 우리는 살아내야 하지 않겠는가.

    그 궁금증에 대한 해답은 지금 무엇을 하는가에 달려 있다. 어서 눈물을 닦고 자리에서 일어나라. 커튼을 젖혀서 밝은 햇살을 맞아들여라. 거울을 보고 환하게 웃어라. 때론 인위적인 웃음도 필요하다. 인간의 감정은 태도에 의해서 형성되기도 한다. 찌푸리고 앉아 있으면 기분이 좋지 않기 마련이다. 일어나서 활발하게 움직여보라. 자신이 무엇이 될지 아직 모르니까 삶은 더 극적이고 모험 넘치는 것이다. 그대의 미래가 그대 두 손에 달려 있다. 자신의 가능성을 활짝 열어두고 열심히 살아라. 성실하게 노력하면 못할 일도 없다. 그대는 무궁무진한 자원의 보고다. 무엇이 될지 지금 이 순간 확실하게 결정하자. 그리고 힘차게 꿈을 향해 달려가라.

두 번째 이유

그대의 도움이 필요한 사람들이 있으니까!

그대는 절대로 필요한 사람이다. 그대가 제 마음대로 자신의 삶을 포기해 버린다면 정말 큰일이 난다! 왜냐하면 그대의 도움이 간절히 필요로 하는 사람들이 있기 때문이다.

그대만 낼 수 있는 목소리, 그대만 보여줄 수 있는 해맑은 미소, 그대만 소유하고 있는 뛰어난 감성, 그대만 할 수 있는 선행. 그대가 소유하고 있는 이 모든 것들이 필요한 사람들이 있다. 이것들을 어떻게 그대 자신만의 소유물이라고 하겠는가. 인생은 이러한 보물들을 필요로 하는 사람들에게 나눠주는 시간이다.

세상의 음지에서 배고픔과 병마에 울고 있는 사람들을 보라. 외로움에 눈물 흘리는 사람들을 보라. 경제적인 어려움으로 처절하게 고통받는 사람들을 보라. 그들을 외면할 수 있겠는가. 그들이 바로 다른 사람이 아닌 그대를 필요로 하고 있는 것이다. 그대가 할 수 있는 최선의 것으로 그들을 위로하라. 그대는 그들에게 자신이 지닌 것들을 내어주어야 하는 의무가 있다. 인간으로 태어난 이상 도움이 필요한 사람들을 돌봐야 하는 의무가 있다. 이 의무를 겸허하게 이행할 때 비로소 삶의 보람을 찾게 될 것이다.

세 번째 이유
그대는 최고로 아름다운 사람이니까!

그대가 삶을 포기하고 싶다니! 나는 결사반대할 것이다. 그대는 반드시 지금의 위기를 벗어나서 다시 일어나야할 사람이다. 왜냐하면 그대만큼 아름다운 사람이 없기 때문이다. 자신이 얼마나 아름다운지 거울을 들여다보지 않아도 알 수 있다. 그대의 심장이 지금 생생하게 뛰고 있는가. 그것만으로도 그대란 존재는 이 세상에서 최고로 아름다운 사람이다. 이것은 아부도 아니고 입에 발린 칭찬도 아니다. 인간은 누구나 자기 자신이 최고로 아름답다.

즉, 갑돌이도 갑순이도 순자도 말자도 영자도 모두 최고로 아름다운 것이다. 이러한 최고의 아름다움의 원천은 바로 인간이라는 단 하나의 조건에서 기인한다. 인간이기 때문에 우리는 누구나 최고로 아름답다.

그렇지만 잘못된 선택으로 자신을 해친다면 그는 최고로 추악한 사람이 될 것이다. 어떤 경우에도 스스로 삶을 포기한다는 것은 자신의 아름다움에 대한 배신이요, 모독이다. 인간으로서의 자부심이란 무엇인가. 인간답게 사는 것이다. 인간답게 산다는 건 아무리 어려워도 결코 포기하지 않고 꿋꿋하게 살아가는 것이다. 그대는 최고로 아름다운 사람임을 늘 기억하길 바란다. 아름다움의 전령사는 함부로 자신을 다루지 않는다. 항상 자신을 소중하게 다루는 것이 원칙이다.

네 번째 이유

그대는 날마다 성장하고 발전할 것이니까!

그대는 날마다 성장하고 발전할 것이다. 이 말에 대해서 이의를 제기할 수 있겠는가. 아무도 이의를 제기할 수 없을 것이다. 진실이니까. 인간은 살아있는 것만으로도 성장하고 발전한다. 그 이유는 이러하다. 한 사람이 하루를 살아가면 여러 가지 자극을 받게 된다. 자신은 아무것도 안 하고 있다고 하더라도 사람들로부터 혹은 자연으로부터 혹은 환경으로부터 자극을 받게 된다. 자극에 대해 인간은 방어본능이 발동하게 된다. 그래서 평소에는 보여주지 않던 것들을 보여주고 평소에는 할 수 없던 것들을 하게 되기도 한다.

이러한 예는 참 많다. 자식이 차 사고의 순간에 차를 밀어냈다는 기적 같은 이야기, 초등학교부터 중학교까지 꼴등만 하던 아이가 고등학교에 들어가서부터 공부를 열심히 하더니 전국 수석이 되었다는 이야기. 그저 살아만 있어도 그대는 날마다 성장하고 발전할 수 있다. 거기에 조금만 더 노력하면 과연 얼마나 엄청난 존재가 될 것인지 생각만으로도 가슴 두근거리지 않는가.

다섯 번째 이유
그대가 남겨준 것들이 세상을 밝힐 것이니까!

 그대가 없으면 이 세상은 큰 손해를 입을 것이다. 왜냐고? 그대가 이 세상에 남겨주어야 할 것들이 아직 덜 만들어졌기 때문이다. 그대는 더 치열하게 살아서 그대만의 유산을 만들어야 한다. 그대만이 창조할 수 있는 것들이 있다. 그것들을 만들어라. 그 일에 매진하라. 삶의 포기를 생각하고 시간을 허비할 것이 아니라 어떤 유산을 남길 것인지 고민해야 한다.

 그대의 유산이 이 세상을 밝힐 것이다. 그대가 남겨준 것들로 수많은 사람들이 큰 위안을 받는다고 생각해보라. 가슴이 뛰지 않는가. 그대는 그대 혼자만의 삶을 사는 것이 아니다. 그대의 어깨 위에는 많은 사람들의 미래가 있다. 그대가 죽으면 이 세상은 큰 손실을 보게 되어 있다. 그대는 오래오래 살아서 많은 것들을 남겨주어야만 한다. 1분 1초도 아까운 시간이다. 그대가 남길 흔적이 훗날 이 세상을 태양처럼 찬란하게 밝혀줄 것을 확신하라.

여섯 번째 이유
그대에게는 특별한 재능이 있으니까!

그대여! 지금부터 그대의 특별한 재능을 발견하는 시간을 가지자. 자신의 특별한 재능이 무엇인지 모르겠다면 두 눈을 지그시 감고 과거를 회상해보자. 무엇을 할 때 가장 즐겁고 가슴이 뛰었는가. 아니면 무엇을 볼 때 심장이 두근거렸는가. 자신이 평범한 사람이라고 생각하는가? 천만의 말씀이다. 그대는 정말 특별한 사람이다. 신께서는 그대를 아주 특별하게 만드셨다. 그런데 이제야 그 사실을 그대는 알게 된 것이다. 정말 다행이다. 지금부터는 자신을 특별한 존재로 받아들여라.

죽겠다는 생각을 할 때가 아니다. 그것보다는 시급한 문제가 있다. 정말 늙거나 병들거나 사고로 죽기 전에 어서 자신의 특별한 재능을 갈고닦아라. 한순간도 멍하니 보내서는 곤란하다. 쉴 때조차도 자신의 특별한 재능을 어떻게 하면 더 증강할까를 연구하라. 나는 하루 종일 어떻게 하면 좋은 글을 쓸까를 궁리한다. 그렇기 때문에 죽고 싶다는 생각을 할 겨를조차 없다. 머릿속이 항상 분주하기 때문이다. 특별한 재능을 묵히지 마라. 그대는 자신의 특별한 재능을 잘 살려야 한다. 그건 자기 자신을 위해서 가장 현명한 일이다. 왜냐하면 인간은 자신이 특별한 일을 한다고 자각할 때 가장 만족스러운 법이기 때문이다.

일곱 번째 이유

그대로 인해 기뻐하고
희망을 품는 누군가가 있으니까!

    아파트 옥상을 기웃거리는 그대여! 저만치서 자동차가 보이면 차에 달려들까 말까를 고민하는 그대여! 수면제를 한꺼번에 먹고 영원히 잠들까를 생각하는 그대여! 그대의 절망적인 생각을 잠깐만 멈추고 다음과 같은 생각을 해보라.

    그대로 인해 기뻐하는 이가 있다는 생각을 해보았는가. 그대로 인해 희망을 품는 이가 있다는 생각을 해보았는가. 정말 믿어지지 않겠지만 사실이다. 그대를 보면서 기뻐하는 이가 있다. 바로 그대의 부모님, 그대의 형제자매, 그대의 친척, 그대의 친구, 이웃 모두 마찬가지다. 그리고 나도 포함하겠다. 난 그대가 있어서 기쁘다. 안 믿어지는가. 그렇다면 열흘 동안 연락을 끊고 잠적해보라. 그리고 열흘 후에 나타나면 그들이 눈물을 흘리면서 반길 것이다.

너무 자주 만나면 서로의 소중함을 잘 모를 수도 있다. 식상할 수도 있다. 한 집에서 날마다 부딪히는 가족들이 더 그러하다. 같이 식사하고 같은 공간에서 얼굴을 보다 보면 질리기도 한다. 하지만 그들이야말로 그대를 가장 사랑하는 이들이다. 그대로 인해 기뻐하고 희망을 품는 이들이다. 딱히 가족만 그런 것은 아니다. 인간은 모두 공통의 존재다. 우리는 서로를 보면서 반가워하는 사이다. 자신이 매우 소중한 존재라는 걸 망각하지는 않았는가. 자신 때문에 웃음 짓는 사람이 있고 희망을 품는 사람이 있다는 건 엄청난 일이다. 그대는 절대로 삶을 포기해서는 안 되는 사람이다. 자신에게 주어진 운명이 다하는 날까지 열심히 살아야 하는 사람이다. 자신이라는 존재가 다른 사람에게 삶의 기쁨과 희망이 된다는 걸 늘 기억하자.

여덟 번째 이유

그대이기에 할 수 있는 일이 있으니까!

오늘도 삶을 포기하고 싶다는 생각으로 하루를 시작한 그대에게 해 줄 말이 있다. 수십억 명의 인류 중에서 그대만이 할 수 있는 일이 있다는 사실을.

인간은 각기 다른 축복을 지니고 태어났다. 한 사람, 한 사람 모두가 고유한 존재다. 같은 지문을 지닌 사람이 없듯이 같은 특질을 지닌 사람은 없다. 한마디로 똑같은 사람은 없다는 뜻이다. 그렇기 때문에 각자가 다른 개성과 인격을 지니고 있다고 볼 수 있다. 그대가 만약 지금 삶을 포기해 버린다면 그대라는 사람이 할 수 있는 일을 영원히 할 수 없게 되는 것이다.

그대이기에 할 수 있는 일이 있음을 잊지 말자. 다른 사람에게는 없는 그대만의 독특한 향기, 그대만의 유일한 끼, 그대만의 성숙한 인격으로 할 수 있는 일을 해야 한다. 그 일이 궁극에는 그대의 고유명사가 되게 하라. 그대란 사람이 이 세상에 왔다 간 것을 알릴 수 있는 건 지금 그대가 하는 일일 것이다. 또 앞으로 해나갈 일일 것이다. 오늘 이 시간부터는 죽고 싶다는 생각은 한때의 유희였다고 생각하자. 그것은 생각의 실수였음을 시인하자. 지금 그대에게는 그대만이 할 수 있는 일이 있지 않은가. 그 일을 하는 것만으로도 시간은 벅차다. 고도로 집중하고 노력해도 완성할 수 있을지 의문이다. 절대로 스스로 삶을 포기하지 마라. 그대이기에 할 수 있는 일이 있으니까. 그대만이 이룩할 수 있는 위대한 업적이 있으니까.

아홉 번째 이유
그대는 행복해질 권리가 있으니까!

눈물로 밤을 지새운 그대. 오늘 하루도 어떻게 살까, 한숨짓고 있는 그대. 행복은 다른 사람들이나 누리는 사치라고 여기는가. 자신은 행복과는 거리가 먼 사람이라고 생각하는가. 나도 한때는 그러했다. 산다는 것이 너무 힘들어서 포기할까를 고민하기도 하였다. 하지만 힘든 날을 참고 견디니 좋은 날은 분명히 왔다. 그리고 행복해지는 것도 나 자신이 어떤 마음가짐을 가지고 사느냐에 달려 있다는 걸 깨달았다.

그대는 행복해질 권리가 있다! 그대는 행복해지기 위해 이 세상에 찾아온 천사니까. 자신이 누려야 할 것들을 포기하지 마라. 그대는 이 땅 위에 살면서 아기자기한 기쁨, 진한 우정, 절절한 사랑, 삶의 보람, 생각하는 것의 즐거움 등을 누려야만 한다. 행복은 멀리 있지 않음을 그대 또한 잘 알고 있을 것이다. 마음이 행복을 향해 열려 있게 되면 당장에라도 그대는 행복해질 수 있다.

행복해라. 울지 말고 행복해져라. 불행에서 벗어나서 행운의 아이콘이 되어라. 그 비법은 다시금 말하지만, 마음으로부터 시작된다. "난 언제나 행복한 사람이야." 이런 마음가짐을 가져라. 사람은 자기가 바라는 대로 살아지는 것이다.

열 번째 이유
신이 그대를 사랑하시니까!

그대는 삶을 포기하기에는 너무 아까운 사람이다. 죽기에는 너무나 사랑스러운 사람이다. 더군다나 살날이 아직도 창창한데 삶을 여기서 마치려고 하다니 그건 절대 안 될 일이다. 그대는 죽어서는 곤란한 사람이다. 아직 때가 되지 않았다. 죽음은 자연스러워야 한다. 목숨을 스스로 해치는 것만큼 큰 죄는 없다. 신께서는 그대를 무척 사랑하신다. 그대가 죽고 싶다고 말하는 순간부터 신은 가슴 아파하신다. 왜? 신은 모든 존재의 근원이기 때문이다. 우리의 신은 어디에 있을까. 항상 우리 곁에서 함께 하는 중이다.

인간을 창조한 이후로 신은 그들이 천수를 누리면서 살아가기를 바라셨다. 하지만 인간은 매우 발칙하게도 스스로 목숨을 끊는 행동을 일삼았다. 이것은 신을 아프게 하는 일이었다. 자살만큼 신을 실망하게 하는 일도 없다. 신은 그대가 죽기를 바라지 않으신다. 어차피 언젠가는 죽지 않느냐고 말할지 모르지만 그런 죽음과 자살은 분명히 다르다. 신께서 그대를 부르시는 날까지 신의 가슴을 아프게 하지 마라. 마치 천 년을 살 것처럼 인생이 영원할 것 같아도 언젠가는 인간이란 육신을 벗어야 하는 날이 온다. 그날이 되면 우리는 신께 갈 것이다. 우리를 사랑하시기에 모든 걸 용서하시고 지켜봐 주시는 신께 당신이 주신 고귀한 생명으로 많은 사람들에게 도움을 주고 왔노라고 말하는 사람이 되길 바란다. 그게 신의 사랑에 보답하는 길이다.

열한 번째 이유

그대는 반드시 성공할 것이니까!

삶을 포기하고 싶을만큼 괴롭더라도 절대로그대는 굴복해서는 안 된다! 왜냐하면 그대는 곧 성공할 사람이니까. 그대는 곧 승리의 월계관을 쓸 사람이니까! 만약 지금 그대가 삶을 포기한다면 얼마나 억울한 일인지 모른다. 그동안 뼈 빠지게 고생한 것이 물거품이 되고 말 것이다. 성공이란 고지가 저기 눈앞에 보이는데 여기서 그만두려고 하다니 무슨 생각인가 도대체! 자살은 안전한 도피처나 편안한 안식처로 가는 행동이 절대 아니다. 자살한다는 건 인생의 실패자요, 삶을 내팽개친 최고의 비겁자라는 인증일 뿐이다. 그대는 절대 자살을 해서는 안 된다. 더군다나 그대는 곧 성공이란 영예를 누릴 사람이다.

자, 기운 차려서 한 걸음만 더 내딛자. 지금 이 삶이 너무 힘겨워도 한

걸음만 더 내딛으면 희망이 보일 것이다. 용기를 가지고 힘을 내자. 안 될 것 같은 일도 용기를 가지고 꾸준히 노력하는 사람에게는 결국 정복되고 마는 것이 인생의 법칙이다. 자신이 그동안 노력한 것에 대한 보상이 없다고 해서 그대의 노력이 헛된 것은 아니었다. 보상은 곧 시작될 것이다. 인내심을 가져라! 그대가 고생한 만큼 하늘은 성공이란 선물을 준비해두었다. 그렇지만 그걸 얻으려면 한 발 더 걸어가야 한다. 지금 죽어버리면 성공이란 선물은 영영 받을 수 없게 된다. 죽지 말고 살아남아라. 그래서 성공하라. 그대가 조금만 더 노력한다면 반드시 성공할 수 있음을 믿어라. 성공은 죽음의 유혹을 뿌리친 자에게 주어지는 하늘의 위로다. "그렇게 어려운 일들이 많이 있었음에도 불구하고 너, 참 잘 버텨내 주었구나. 어서 성공이란 선물을 받으렴." 하늘은 곧 그대에게 이렇게 말할 것이다.

열두 번째 이유

그대가 사라진다면
온 우주가 함께 슬퍼할 것이니까!

마침내 오늘 《죽고 싶을 때 읽는 책》의 마지막 페이지를 쓴다. 나도 한때 너무나 죽고 싶어 하던 사람이었다. 그래서 이 책을 쓰는 동안 나처럼 고통스러워하는 그대를 생각하면서 가슴 아팠다. 그대도 나처럼 살아남기를 바라는 마음으로 이 책을 썼다. 사랑하는 그대, 죽지 말고 살아서 행복하기를 바란다. 인생은 매우 고단한 시간이다. 인생이 평탄하길 바라지 마라. 정말 죽고 싶은 순간은 누구에게나 찾아오게 되어 있다. 하지만 시련은 영원하지는 않다. 시련조차도 인생이 자신에게 주는 좋은 경험이었다고 여기자. 죽고 싶을 때 죽는 건 너무나 쉬운 일이다. 하지만 죽고 싶을 때 용기를 내고 자신을 위로하면서 다시 일어선다는 건 아무나 할 수 있는 일은 아니다. 바로 인생을 뜨겁게 사랑하는 사람만이 할 수 있는 일이다.

　자신의 인생을 뜨겁게 사랑하라. 그대가 사라진다면 온 우주가 함께 슬퍼할 것이다. 그대가 이 책을 덮고 어떤 선택을 할지 나는 알 수가 없다. 그렇지만 만약 그대가 결국 죽음을 선택한다면 난 정말 많이 슬퍼할 것이다. 왜냐하면 그대와 나는 영혼으로 교감하였기 때문이다. 죽음을 선택할 용기가 있다면 그대여, 삶을 선택하라. 그대가 사라진다면 이 세상의 모든 것들이 울고 말 것이다. 그리고 그 누구보다도 그대 자신의 영혼이 가장 슬퍼할 것이다. 그대는 오래오래 살아야 하는 귀한 사람이다. 세계 최장수 노인이 되어서 기네스북에 오를 정도로 오래 살아라. 그리고 사는 동안 그대만의 매력을 마음껏 발산하라. 그대가 할 수 있는 최선의 것들로 빚어진 보물들을 이 세상에 최대한 많이 남겨주어라. 그런 그대가 될 것을 믿는다.

　자, 두 주먹을 불끈 쥐자. 나는 무엇이든 할 수 있어,라고 소리쳐보자. 이제 희망의 불씨를 되살릴 시간이다. 곧 어둠의 시간이 지나고 밝은 빛이 비칠 것이다. 다시 한 번 용기를 내보자. 살고자 하는 사람에게는 반드시 길이 열리게 되어 있다. 이 삶이 끝나는 날까지 우리 같이 파이팅!!!

함께북스 신간 & 주요 도서 목록

나를 위한 하루 선물
서동식 지음 | 양장 | 376쪽 | 값 13,000원

소중한 자신에게 선물하는 행복한 하루!
나를 변화시키는 하루 한 마디 (하루 선물). 이 책은 온전히 나 자신을 위한 지식과 교훈, 마음의 위로와 긍정적인 에너지를 줄 수 있는 글귀들로 구성되어 있다. 365 매일매일 가슴에 새겨넣을 글과 함께 나를 변화시키는 하루 확언을 수록하여 이전보다 더 긍정적인 마음과 목표의식을 가지고 살아갈 수 있게끔 용기를 주고 내면에 힘을 보태 준다.
내면의 소리에 맞추어 지혜롭게 인생의 길을 개척하고, 무의미한 걱정을 하느라 인생을 낭비하지 않고, 성실함으로 미래를 준비하여 기회를 잡고, 영감을 통해 모든 문제의 해결책을 찾고 새로운 기회를 만들어 내는 등 다양한 지침을 수록하여 행복하게 살아갈 수 있도록 도와준다.

365 매일매일 나를 위한 하루 선물 2
서동식 지음 | 양장 | 400쪽 | 값 13,000원

365 매일매일 당신을 위한 선물들을 찾아가세요.
인생이라는 기회는 단 한 번뿐입니다. 게으름과 두려움에 망설임에 망설이고 있는 지금 이 순간에도 우리의 옆으로 미소를 지으며 혹은 비웃으며 지나가고 있습니다.
우리는 얼마나 이 소중한 인생을 가볍게 보고 있었나요? 우리는 얼마나 미지근하게 인생을 마시고 있었나요? 다시 우리의 인생을 뜨겁게 데워야 합니다. 게으름이 아닌 열정으로 두려움이 아닌 용기로 미지근한 인생을 뜨겁게 달구어야 합니다. 다시 뜨거워진 열정으로 새로운 희망을 생각해야 합니다. 이 책은 우리가 놓치고 지나쳤던 우리가 기억하지 못하는 나를 위한 선물들을 찾아가라는 책입니다.

20대 변화해야 할 사고방식 50가지
김시현 지음 | 260쪽 | 값 12,000원

솜사탕 같은 힐링이 아닌
정글과도 같은 리얼 월드에서 20대를 보낸 30대의 현실적 조언!
기성세대가 만들어 놓은 개미지옥에서 무엇을 보았건, 젊은 그대는 그것을 바꿀 수 있다. 세상을 바꾸려면 20대가 강해져야 한다. 사고방식이 달라져야 한다. 오늘부터라도 당장, 눈부신 젊음에 부끄럽지 않도록 굳어버린 머리를 털어내고, 안된다고 하지 말고, 그대가 가진 젊음이라는 무기를 꺼내어 보라. 그리고 그 무기로 무라도 썰어보자고 생각하라. 무를 썰 수 있다면 쇠도 자를 수 있다고 생각하라. 쇠를 자를 수 있다면 탁한 이 세상도 쪼갤 수 있다고 생각하라.

하루하루 인생의 마지막 날처럼 살아라
이대희 지음 | 조인북스 | 320쪽 | 값 14,000원

날마다 오늘이 당신의 맨 마지막 날이라고 생각하라.
날마다 오늘이 맨 처음 날이라고 생각하라.
《하루하루 인생의 마지막 날처럼 살아라》는 유대인의 탈무드를 한국인의 시각에서 정리한 책이다. 탈무드는 유대인의 책이지만, 모든 인간에게 해당되는 보편적인 진리의 내용을 담고 있다. 이미 잘 알려진 탈무드의 짧은 격언을 오늘의 삶에 적용하고 대안을 찾는 방식으로 정리했다. 이 책을 통하여 5천 년의 역사를 갖고 있는 한국인에게도 유대인의 탈무드 교육과 같은 놀라운 시도가 시작되길 기대한다.

함께북스 신간 & 주요 도서 목록

꿈꾸며 살아도 괜찮아
서동식 지음 | 양장 | 248쪽 | 값 14,000원

자신의 꿈을 놓치지 마세요.
세상은 우리에게 꿈꾸며 살라고 말한다. 하지만 정말 꿈을 가지고 살기 시작하면, 세상은 갑자기 다른 말을 한다. 꿈을 꾸며 살라던 세상은 우리에게 꿈이 이루어질 수 없는 이유만을 말한다. 너는 이래서 안 돼, 저래서 안 돼 온통 안 되는, 포기해야 하는 이유뿐이다.
이제부터 당신은 자신의 꿈을 지켜내기 위한 전쟁을 해야한다. 당신의 꿈을 반대하는 모든 것들로부터 당신을 지켜내야한다. 당신을 사랑해주는 사람이라 할지라도 꿈을 향한 길을 방해한다면 적극적으로 방어해야 한다. 아무것도 하지 않으면 당신의 인생은 다른 사람들에 의해 이리저리 끌려다니기만 할 것이다.

그저 그런 20대를 보낸 사람이 30대에 변화하기 위해 알아야 할
좋은 습관 리스트 100
센다 타쿠야 지음 | 박은희 옮김 | 양장 | 236쪽 | 값 13,000원

당신의 인생을 업그레이드 해줄 좋은 습관을 기르자!
뇌는 어떤 자극도 주지 않고 가만히 내버려두면 일상적으로 반복되는 거의 모든 일을 무차별적으로 습관화시킨다. 이 무차별적으로 행동을 습관화하기 때문에 이윽고 나쁜 버릇이 생긴다. 습관을 근절할 수는 없지만, 습관을 바꿀 수는 있다. 나쁜 습관을 좋은 습관으로 바꾸는 노력이 필요하다. 열망은 습관을 만드는 원동력이다. 열망을 자극하면 새로운 습관을 더 쉽게 형성할 수 있다. 하루아침에 습관을 바꾸고 또 새로운 습관을 쌓는 것은 절대 쉬운 일이 아니다. 원하던 계획대로 되지 않아 실패하더라도 실패해서 포기하지 않는다면 자신이 원하는 좋은 습관을 쌓을 수 있다.

성공하는 30대가 되기 위해 절대로 물들지 말아야 할 70가지 습관
센다 타쿠야 지음 | 유가영 옮김 | 양장 | 172쪽 | 값 12,000원

회사에서는 가르쳐주지 않는 사회인의 마음가짐!
회사에서는 잘 가르쳐주지 않는, 하지만 모르고 있으면 손해인 사회인의 마음가짐에 대해 이야기하고 있다. 회사에서 성장하는 사람과 그렇지 못한 사람의 차이는 지능지수도 운도 아니다. 그렇다고 열심히 노력만 한다고 해서 누구나 성공하는 것도 아니다. 바로 24시간, 365일 무심코 하고 있는 사소한 습관이 결정타가 되는 것이다. 사회인으로서의 습관은 처음 사회인이 되었을 때부터 어엿한 한 사람 몫을 하기 시작하는 입사 5년차 때까지 형성된다. 이 책은 70가지 악습을 구체적으로 소개하며, 이러한 습관에 물들지 말고 책임감을 갖고 꿋꿋이, 주어진 일에 최선을 다해야 함을 강조하고 있다.

머리에서 가슴까지 가는 길이 가장 멀다
김이율 지음 | 양장 | 278쪽 | 13,000원

망설이다가 후회와 자책만 남기기보다는 과감히 결단하고
자신의 선택에 확신하고 행동하라!
지나친 망설임은 새로운 일을 시작하는 데 방해가 된다. 망설이다가 후회와 자책만 남기기보다는 과감히 결단하고 자신의 선택에 확신하고 행동하는 것이 좋다. 설령 실패한다 해도 망설이다가 아무것도 하지 않는 것보다는 훨씬 가치 있다. 이 책은 결단과 실행이 바로 인생을 바꿀 것이라 조언한다. 지나친 망설임은 새로운 일을 시작하는 데 방해가 된다. 망설이다가 후회와 자책만 남기기보다는 과감히 결단하고 자신의 선택에 확신하고 행동하는 것이 좋다. 행운과 성공은 망설임을 거부하는 용기 있는 자에게 찾아온다. 설령 실패한다 해도 망설이다가 아무것도 하지 않는 것보다는 훨씬 가치 있다. 결단과 실행이 바로 당신의 인생을 바꿀 것이다.